T. D. JAKES

EL PADRE
AMA A SUS
HIJAS

CASA CREACIÓN

Para vivir la Palabra

Para vivir la Palabra

MANTÉNGANSE ALERTA;
PERMANEZCAN FIRMES EN LA FE;
SEAN VALIENTES Y FUERTES.
—1 CORINTIOS 16:13 (NVI)

 El Padre ama a sus hijas por T.D. Jakes
Publicado por Casa Creación
Miami, Florida
www.casacreacion.com
©1997, 2021 Derechos reservados

ISBN: 978-1-62136-203-6
E-book ISBN: 978-0-88419-514-6

Desarrollo editorial: *Grupo Nivel Uno, Inc.*
Diseño interior: *Grupo Nivel Uno, Inc.*

Publicado originalmente en inglés bajo el título:
Daddy Loves His Girls
por Charisma House
600 Rinehart Road, Lake Mary, Florida 32746
Copyright © 1996 por T.D. Jakes.
Todos los derechos reservados.

A menos que se indique lo contrario, los textos bíblicos han sido tomados de la Santa Biblia, Nueva Versión Internacional® nvi® ©1999 por Bíblica, Inc.© Usada con permiso. A menos que se indique lo contrario, el texto bíblico ha sido tomado de la versión Reina-Valera © 1960 Sociedades Bíblicas en América Latina; © renovado 1988 Sociedades Bíblicas Unidas. Utilizado con permiso. Reina-Valera 1960™ es una marca registrada de American Bible Society, y puede ser usada solamente bajo licencia.

Nota de la editorial: Aunque el autor hizo todo lo posible por proveer teléfonos y páginas de internet correctas al momento de la publicación de este libro, ni la editorial ni el autor se responsabilizan por errores o cambios que puedan surgir luego de haberse publicado.

Impreso en Colombia

21 22 23 24 25 LBS 9 8 7 6 5 4 3 2 1

DEDICATORIA

Este libro está dedicado a mi esposa, Serita, quien me ha dado muchos años de amor y compañerismo. Gracias, querida, por rodear nuestro matrimonio con cinco hijos, a los que amo profundamente.

Le dedico este libro a mis hijas, Cora y Sarah, a quienes deseo afirmar públicamente, así como les he escrito de mis hijos. Celebro la singularidad y los dones de mis hijas. Puedo ver la fortaleza y el carácter de sus abuelas y bisabuelas saturándolas y avivando la chispa de sus ojos.

Sé que serán probadas y desafiadas, aisladas y confrontadas. Sin embargo, se levantarán de nuevo con todo el vigor de esa rica herencia de la que fueron nutridas y con corazones que se atreven a confiar en Dios.

Mientras enfrentan los nuevos horizontes de un futuro incierto, mi corazón se anima al saber que detrás de las resplandecientes sonrisas se encuentran mentes brillantes, llenas de potencial, llenas de oportunidades. Ya que tendré cualquier cosa que diga, las llamo «damas de excelencia». Ellas recibirán los retos de la vida y conquistarán sus limitaciones. Las exhorto a ser todo lo que puedan ser.

Vivan alegremente, amen profundamente y oren fervientemente. Recuerden dar con sencillez y servir con humildad. Aun así, tengan presente que la mansedumbre no necesita de la debilidad. Por lo tanto, cuando los obstáculos las desafíen, luchen con tenacidad.

Finalmente, no se deleiten en sus fracasos ni vivan en el pasado. Conquisten todas las dudas, no firmen tratados con el enemigo y no tomen rehenes. Nunca acepten menos de lo mejor que puedan hacer, ni comprometan sus principios por sus placeres. Y al final, cuando la lucha haya terminado, recuerden siempre que deben alejarse de los despojos.

¡El Padre ama a sus hijas!

Contenido

CAPÍTULO UNO

EL PADRE AMA A SUS HIJAS

Queridas hijas,

Les estoy escribiendo desde el fondo de mi corazón paterno, quien las ve como titilantes estrellas en la noche. Ustedes centellean en los lugares oscuros alumbrando mis noches. Les escribo para contarles mi perspectiva de quiénes son ustedes, para reafirmarles que son especiales y únicas, cada una hermosa en su propia singularidad. Ustedes siempre son especiales para mí, nunca algo ordinario. Esta es mi oportunidad para compartir la relación que un padre tiene con sus hijas en crecimiento. Les contaré sobre los días que no recuerdan. Hablaré de sonrisas y sonidos de bebé que ustedes no pueden recordar. Esos son momentos grabados para siempre en mi mente. Nunca los olvidaré. Ustedes son rayos de luz alumbrando los tempestuosos días de mi juventud.

Mis queridas hijas, este es un tributo de vida para ustedes, un mensaje que escucharán más tarde y que disfrutarán cuando yo ya no esté para observar, para que siempre conozcan a lo largo de sus vidas los pensamientos de su padre terrenal y el amor de su Padre celestial.

Hijas mías, aunque escribo para ustedes, este mensaje estalla en mi corazón para todas las hijas del Padre, para cada mujer y para cada niña. Así que, querida lectora, te invito a escuchar mientras el Espíritu Santo teje una manta bajo la cual todas puedan ser cobijadas y bendecidas. Esta es una rara oportunidad de poder examinar las intimidades del corazón del Padre.

También escribo en nombre de cada padre que haya oído el exultante sonido de la voz de su hija, en esa armoniosa mezcla de acometida y alabanza, mientras lo saluda jubilosamente en la puerta, diciendo: «¡P-a-p-i-t-o!» Nunca pensé que una palabra pudiera tener tantas sílabas. Es como el sonido de aguas que corren entre las rocas, en una corriente profunda entre las montañas. Es la admirable dinámica de un corazón expectante que pide poco y ofrece mucho.

Mis hijas, mis niñas, ustedes son un gran don para mí. ¡Gracias a Dios que me dejó conocerlas y criarlas! Nunca podrán sentirse no amadas o no deseadas, porque ustedes son la fuente de la juventud de su madre, corriendo en libertad, y recordándonos quiénes éramos. Ustedes son el sedoso satín en el pañuelo más fino de mi abuela. Son mi pulso; mi sangre corre por sus venas. ¡Ustedes son mi corazón!

Mientras escribo estos fragmentos recogidos en la cosecha de mi corazón, tal vez de alguna pequeña forma reflejen algo del amor de Dios hacia ustedes. Él es el Padre eterno del cual los hombres solo somos pobres imitaciones. Nosotros somos defectuosos y débiles, nuestras virtudes palidecen bajo la brillantez del carácter divino de Dios. Pero en alguna pequeña caricatura podemos calcar ligeramente su corazón, con manos temblorosas y lápices deficientes, y lograr al menos una forma reconocible de cuánto Él ama a sus hijos y, particularmente hoy, a sus hijas.

Fui creado a la imagen de Dios como hombre y como padre. Quiero a todos mis hijos por igual, pero no le expreso mi amor a todos de la misma manera. De igual forma, el Dios al cual servimos ama a sus hijos, pero tal vez —si en algo me parezco a Él— los ama a todos con la misma intensidad aunque de formas diferentes.

Cualquiera que conozca algo sobre el amor les dirá que este no puede ser copiado, duplicado, repetido o forzado. Cada sentimiento es único, así como únicas son las marcas de las pinturas realizadas con los dedos, las que ostentan la singularidad de las huellas digitales del artista. Está formado en un momento y un modo que jamás volverán a ser capturados de la misma manera. Tal vez las hijas de Sión dejarían de llorar si supieran cuánto las quería su Padre. Tal vez se levantarían de las cenizas y echarían sus temores al viento si supieran que el Padre asigna ángeles a su cargo, y es tanta la atención que le presta a los detalles que ha contado cada cabello que queda en sus peines.

Es el privilegio de una madre llevar en el calor de su propio cuerpo al intranquilo y agitado embrión de la vida, una cápsula de promesa y un niño del futuro. Ella comparte el calor de su cuerpo, su alimento y el mismo aire que respira, con un niño al que nosotros, los padres, no podemos ni sentir ni alimentar. Es el privilegio de la madre: sentir moverse en su propio seno al niño cuyo único abrigo es su tibia carne. Ella pone la mano en su abdomen y le habla a la criatura que ampara y alimenta, dentro de la cámara de su propio espacio amoroso.

Los padres estamos al lado, caminando torpemente sin rumbo, ayudando cuando podemos, sintiéndonos un poco ridículos, y tal vez un poco dejados de lado. Desde las nauseas matutinas hasta los cambios de ánimo, podemos ver los *efectos* del bebé, pero, al igual que al viento, ¡no podemos verlo! Nuestros paseos nerviosos solo sirven para poner tensa a la madre, que espera mientras ambos percibimos la cercanía del nacimiento y la grandeza de la responsabilidad. Su madre las ha llevado; mi semilla, en su bolsa, al igual que una mamá canguro, de manera que han hecho de todo junto con ella, aun antes de nacer. Subieron juntas las escaleras, corrieron y caminaron juntas, durmieron en la misma cama y comieron los mismos alimentos. ¡Se unieron!

Pero antes de excomulgar a los padres de las fiestas de la paternidad, déjenme hablar en nuestro favor. Mi esposa las llevó, pero yo las esperé. Yo fui su primera audiencia. Sus primeras actuaciones fueron para mí. Yo fui quien contempló su primer ingreso en la escena. Y en verdad, fue un gran ingreso. No hubo una distante sala de espera para mí. Estuve allí mismo en la habitación, como un portero espera en el arco de fútbol. Allí me mantuve parado, esperando verlas salir de su camarín hacia las luces.

Recuerdo un momento que su madre no pudo ver. Ya había agotado toda sus fuerzas pujando, su cabello estaba revuelto y su cuerpo hinchado. Sus ojos estaban dilatados, las mandíbulas llenas de aire y sus piernas abiertas como cortinas en la inauguración de una obra en Broadway. La estrella iba a salir; la habitación estaba cargada. Tuve que recordar que debía respirar. Ella pujaba; yo instruía. Ella se esforzaba; yo la animaba. Y entonces —¡ahhh!— ¡sucedió! Sin lugar a dudas, ella fue la que te dio a luz. Pero, pequeña, ¡yo fui el que te vio cuando pisaste el escenario por primera vez!

¡Sorpresa...! Yo te vi aún tratando de pasar del conducto del nacimiento a las corrientes de la vida. Vi tu corona, una princesa en potencia, una diosa de gracia. Tu fuiste creada a la imagen del Señor mismo.

Nunca olvidaré el momento en que tú, mi primera hija, naciste, con los ojos abiertos y asombrados. Y conozco muy bien la teoría de que los bebés no pueden ver claramente, y que tal vez no puedan ver los detalles; no obstante, hubiera jurado que estabas viéndome. Ese dichoso momento pareció durar al menos una semana. El tiempo desapareció en un vacío; el silencio llenaba la habitación; mis ojos se llenaron de lágrimas: había visto un milagro; había visto a Dios de frente.

Uno no ha vivido hasta que no lo ha visto a Él aparecer en la forma del nacimiento; ¡es milagroso! Le recuerda a tu corazón las grandes posibilidades de un nuevo comienzo. Su mano estaba sobre mi semilla. Definitivamente, era su trabajo. Su sello de autenticidad estaba sobre ti. Me parecía que los ángeles habían acariciado tu cara y el Cielo se encontraba en algún lugar de tus ojos. Cuando te vi en ese momento, me sentí más cerca de Dios. Cuando todos habían dejado la habitación y tu preciosa madre, quien había hecho todo el trabajo, estaba profundamente dormida, sólo fui a donde estabas y velé por ti. Siempre lo haré. Dondequiera, cuando quiera que me necesites, yo velaré por ti. Finalmente me separaron de la ventana. Sonriendo profundamente, camine por el pasillo tarareando una canción. Mientras tarareaba por el corredor, iba pensando: «¡Sorpresa, pequeña! ¡Te vi!»

Aunque tú eras la estrella, no puedes recordar ese momento. Sin embargo yo nunca lo olvidaré. Lo veo cada vez que te miro. Lo veo en cada etapa de tu desarrollo —tus ojos observándome, obviamente intrigados al verme. Una mirada me ganó para siempre; tu eres mía. Dondequiera que vayas, sin importar lo que hagas, siempre serás mía. Mi semilla está en ti. No puedo recuperarla, borrarla o negarla. Siempre serás mi niña. ¡Correcta o equivocada, débil o fuerte, tú eres mía!

Mientras los años y las etapas entran en conflicto, y tu cabello crece mientras el mío decrece, yo contemplo los momentos que tú nunca recordarás. Es ese momento del nacimiento que reafirmó en mi mente que yo era necesario. Fue allí cuando se estimuló mi naturaleza protectora, y mis instintos de provisión querían comenzar a proveer. Lo que fuese que necesitaras, yo quería que lo tuvieras. ¡Nunca dudes que el Padre quiere que sus hijas sean bendecidas! Es su dicha verte florecer y tener éxito.

Las mujeres que se acercan a Dios en forma nerviosa, dudosas de la respuesta que Él tendrá para su problema, tal vez conozcan la maternidad, pero déjame compartir contigo cuán enfáticamente un padre quiere que sus hijas sean bendecidas. Si entendieras el amor de un padre por su pequeña, te arrojarías jubilosamente a los brazos del Padre celestial. No importa lo que Él esté haciendo, a Él lo alegra verte llegar, con tus ojos alabándolo, mirándolo como si Él pudiera mover el cielo o el infierno. ¿Te das cuenta que al acercarte a Él, ya lo estás alabando?

> «No temáis, manada pequeña, porque a vuestro
> Padre le ha placido daros el reino»
>
> —Lucas 12.32

Un verdadero padre es dador y generoso. Él es sabio, ya que no dará hasta el punto de destrucción. Él no quiere dañar el carácter de su hijo, pero no obstante desea dar regalos abundantemente. De hecho, muchos hombres expresan su amor dando. Si le preguntas a un hombre, ¿me quieres?, él siempre se referirá a lo que te da. El dar cosas es una de las formas en que nosotros los hombres expresamos afecto y atribuimos valor. Sé que hay otros regalos que te parecerán más provechosos, como lo son el tiempo y la atención, pero recuerda que si un hombre no es disfuncional o de condición económica muy baja, le encanta dar.

El dar nos abre una avenida para expresar afecto, sin quedar impedidos por las palabras. Si conocieras el amor de tu Padre, correrías a su encuentro. Él obtiene tanto del dar como tú del recibir.

Es triste decir que muchas niñas nunca experimentarán de cerca el amor de un padre terrenal. De algún modo se les ha negado el privilegio de cultivar una relación completa con su padre natural. No obstante, hasta ellas recobrarán lo que perdieron al llegar a conocer a su Padre celestial.

¿Lo conoces? Es decir, ¿en verdad lo conoces? ¿O es un extraño, un concepto raro sin un punto de referencia en tu pasado, al cual Él pueda vincularse para una definición sobre tu relación con Él? Si no conoces a tu Padre celestial, te estás perdiendo una maravillosa oportunidad de acariciar a un padre amoroso. Él no es irresponsable. Tampoco es insensible o egoísta. Arrellánate en sus brazos y da por seguro que te sentirás a salvo y segura de todas las alarmas.

Es maravilloso darse cuenta de que el Padre está listo para revelar su amor en tu vida. ¡Él es el verdadero Padre al que el resto de nosotros imitamos pobremente, y, probablemente, al que frustramos al vacilar en nuestro machismo, tratando de lograr el don de una relación! Él es la realidad de la cual yo sólo puedo ser un abstracto. Pero, queridas hijas, espero que de alguna manera pueda ayudar a facilitar el que ustedes lo perciban a Él, a través de este intento abstracto que he hecho a fin de describirlo. Si de algún modo he sido un buen padre, Él es todo eso y más. Si he fallado, cúlpenme a mí, no a Él. ¡Él nunca falla!

¡Shhhhh! Aquí viene el suave y continuo golpeteo de unos piecitos pequeños, y el fulgor de los ojos confiados. Las palabras llenan la habitación: «Papi, ¿podrías abrirme esto?» Yo envuelvo mi respuesta en una voz profunda y masculina, llena de toda la galantería de la historia: «Dámelo.» Y abro el envase, mientras ella me observa con ojos muy abiertos, obviamente pensando: «Mi papá es muy fuerte.» Yo soy su héroe. Cuando ella está impresionada, me siento fuerte e importante, invencible y necesario. ¡Nunca pensé poder obtener tanta autoestima a través de una botella de salsa de tomate!

Nos alentamos uno al otro. Ella me da alabanzas; yo le doy seguridad. Ella me da adoración; yo le doy afecto. Hasta el hombre más duro se derrite cuando le entregan este tipo de afecto. Puede reducir al empresario más conservador a arrastrarse por el piso, jugando «caballito» y relinchar como si fuera un potro. Hasta las personas intolerantes le sonríen a los bebés. Le sonreirán al bebé, aunque no contraten al padre, quien necesita el trabajo para alimentar al bebé que acaban de abrazar.

La máxima liberación para un hombre es disfrutar del corazón femenino sin toda la persecución ni la conquista. Nuestro ego nunca se siente amenazado con este amor. Es saludable e integral. Es como respirar el aire fresco profundamente. Nos llena de energía y alivia la tensión de los días difíciles.

¿Sabes, querida? Es el amor lo que lo hace especial. Tu amor es puro y sin pretensiones. Das a un hombre un amor en el que pueda confiar, sin intimidación o sospechas. Con razón Jesús dijo: «De cierto os digo, que si no os volvéis y os hacéis como niños, no entraréis en el reino de los cielos» (Mateo 18.3). El amor de un niño no siente la amenaza del rechazo, no teme las represalias. Nace de una apreciación sin condiciones de quiénes somos. No está entrelazado con todas las complicaciones que surgen del amor erótico. Es el amor que un hombre puede sentir por una mujer sin las complejidades de la sexualidad. Además, ¡es tan fácil impresionar a alguien tan fácil de satisfacer...!

¡Hoy soy un héroe! Eso es lo que la mayoría de los hombres necesitan; sentir que son un héroe para alguien. A sus ojos soy el caballero de armadura brillante. Se emociona si arreglo una bicicleta. Se preocupa si me rasguño la mano. Soy Superman sin las calzas azules. Soy el Capitán América sin el escudo. ¡Cuántos sentimientos irradia a través de sus prodigiosos ojos y su cara radiante...! Ella cree en mí. El sentimiento que los padres anhelamos es el que surge al saber que alguien nos afirma, apreciando lo que tenemos para dar. No hay temor a fallar; no está la ansiedad de cumplir o impresionar. ¡Sólo hay amor!

Uno pierde mucho del poder de Dios cuando se representa a sí mismo como autosuficiente. Él desea que tú seas su héroe. Desea abrir cosas que no puedes abrir y mover aquello que tú no puedes mover. Él lo haría por el brillo de tus ojo; lo haría sólo por oír tu voz diciéndole a alguien lo fuerte que es tu Padre. ¡Lo haría sólo para expresar lo profundamente comprometido que está con tu bien! Él tiene el poder y desea realizarlo. Es mucho más que los padres terrenales. Nosotros hacemos votos que no cumplimos, y promesas que fallamos en realizar, pero Él no. ¡Puede realizar siempre lo que ha prometido para tu vida!

Hija mía, entiendo que al pasar los años verás grietas en mi cerámica y óxido en mi brillante armadura. ¡Qué pena! Te darás cuenta de que solamente soy un hombre. Mis alas de ángel se marchitarán, mis faltas se manifestarán y, finalmente, al mirarme con los ojos maduros de tu feminidad, descubrirás que tu héroe solamente era un hombre; él tiene imperfecciones y defectos, grietas y resquebrajaduras. Algún día descubrirás que habrá cosas que no puedo abrir y montañas que no puedo mover. Te ofrezco mis disculpas por adelantado para cuando llegue ese momento.

Quisiera ser todo lo que tú ves cuando me miras a través de tus pequeños ojos castaños. Cuando despiertes de tus sueños, así como Dorothy en la tierra de Oz, y descubras que el mago tenía un abrelatas en el bolsillo, yo sólo podré ofrecerte a Jesús. Él es el original del cual solamente soy una pobre copia. No obstante, aunque es cierto que estoy construido pobremente y que soy frágil, quiero que sepas que mi fragilidad está en todas partes, excepto en mi amor por ti. Allí siempre seré un gigante.

«¿Qué tiene que ver el amor con eso?», pregunta un cantante. Yo respondo: «Todo.» Porque el amor es una garantía de que no importa lo que pase, siempre estaré cerca. Aun cuando esté débil, cuando tiemble como un sauce y mi piel cuelgue en pliegues, estaré allí. Y cuando llegue la muerte, y me aleje de tu vista, y no pueda comunicarme contigo, quiero que sepas la verdad. Tal vez no esté donde tu puedas verme, pero si hay alguna posibilidad de observarte, ya sea desde una nube o con una cámara, he aquí mi promesa. No importa cómo falles o vaciles, tropieces o te arrastres, estaré allí —en algún lugar— abstraído, observándote. Porque tu siempre serás la pequeña de Papá.

Este es mi punto. Cuando yo te vi, ya era un hombre. Tenía madurez. Entendía algunas cosas que tu tal vez no sepas. Sabía que fallarías. Sabía que tropezarías y sabía que algunas de esas equivocaciones serían dolorosas para ambos. Cuando te amé fue con el conocimiento pleno de que amaba una vasija de barro. Tenía forma de muñeca y lucía como el sol, pero aun así era de barro, un ser humano tal como yo. No importa; aun así te amo. ¡Tú eres mi hija! Cuando descubras mi humanidad, tal vez te asombres. Pero yo supe de la tuya desde el principio. Nunca huyas de mí. Yo ya sé quién eres, y te amaré cuando los demás te abandonen. Yo todavía te amaré.

Eso es el amor de un padre. ¿Te das cuenta de que nuestro Padre te ama así? Él ya sabía que tu fallarías y tropezarías. Él siempre supo que tú eras humana. Siempre supo que tendrías que luchar. Sin importar cuán bien te criaran, siempre habría áreas que te desafiarían. Él me ha enviado a decirte —aun después de todo lo que te ha sucedido a ti, contigo y dentro tuyo— que Él no ha cambiado de opinión. ¡Aún te ama!

> «Jehová se manifestó a mí hace ya mucho tiempo,
> diciendo: Con amor eterno te he amado; por tanto,
> te prolongué mi misericordia.»
> —JEREMÍAS 31.3

En este mundo de hogares destrozados y relaciones trémulas, es importante que no perdamos una definición completa del amor de un padre. Sus brazos fuertes te cargan cuando eres débil. Te acurrucas en esos brazos cuando él te lleva a la cama porque el sueño te atrapó en el sofá. Es en su hombro que lloras cuando ya no puedes contener las lágrimas. Su sabiduría parece tan soberana…, su compasión tan pura… Él está allí para tu protección. Él es tu padre.

CAPÍTULO DOS

USTEDES NO SON IGUALES

Tengo solamente dos hijas, las cuales nacieron con once meses de diferencia. Se parecen tanto que la gente con frecuencia las confundía con mellizas, aunque yo no. Hasta cuando mi esposa las vestía con los mismos vestidos prístinos y llenos de encaje, con miriñaques, y ellas deslumbraban con sus sonrisas llenas de sol y los ojos brillantes, siempre pude distinguirlas. No son iguales. Aunque ocasionalmente se visten igual, son muy diferentes. Ellas se ríen juntas y juegan juntas, pero son tan diferentes como el Oriente del Occidente.

¿No es maravilloso poder amar a alguien sin sentir que debe ser igual a ti? No hay bueno o malo; sólo diferente. Muchas personas creen que todos deben ser igual que ellas. Se han nombrado a sí mismos misioneros, y viajan hacia donde estamos el resto de nosotros para enseñar a los indígenas a parecerse más a ellos. No. Ninguno somos iguales. Nuestros pensamientos son diferentes. Nuestras preferencias son diferentes. Somos tan diversos como múltiples. Sólo hay un molde para cada persona que vemos en el Planeta. ¡El mundo nunca ha visto alguien como tú antes, y nunca verá otra así de nuevo!

Tu eres única, querida hija. Eso es lo que te hace inva-
luable. Yo nunca, nunca podría reemplazarte. ¡Aun si tuviera
otros mil hijos, cada uno maravilloso, ninguno sería tú! Haré
todo lo posible para conservar tu vida, porque eres irrempla-
zable. Nunca olvides tu singularidad cuando quieras ser lo que
admiras en alguien más. Recoge lo que puedas de otros, pero
no copies a nadie. ¡Tú vales demasiado como original para ser
reducida a una copia barata!

Noté que cuando nació mi primera hija, Cora, era quieta
y tranquila. Ella es apacible y tímida. Es creativa y talentosa,
pero conservadora y reservada. Su espíritu sereno llena una
habitación de tranquilidad. No se necesitan palabras. Ella
está contenta con sus propios pensamientos. Su madre está
entretejida en su cara como una hebra fina está entretejida en
un vestido. Sólo sus ojos brillantes dan una idea de lo que sus
labios no dicen. Sonríe, ríe, habla. Pero los canales internos de
su corazón están encerrados tras una puerta que dice: «¡No
molestar!» Cuida sus pensamientos del brillo de la exposición
pública, sólo llama ocasionalmente a una «conferencia de pren-
sa» conmigo para anunciar la necesidad de discutir algún asunto serio, por el cual vale la pena romper el silencio.

Ella se enfermó cuando era una bebé que aún se acomoda-
ba en mis brazos. Mientras la atendíamos, era demasiado bella
para observarla, demasiado especial para describirla. Era como
si los ángeles hubieran pasado sus alas por toda su cara. Aún
hoy mis palabras se sienten intimidadas por mis sentimientos.
Ni siquiera un vocabulario rico y pleno puede competir con
la magnitud de un sentimiento. ¿Cómo puede ir mal algo tan
bueno? Asociamos la enfermedad con la oscuridad, con la
humedad desagradable. Las plagas y la enfermedad son cosas
horribles. Quedé sorprendido al descubrir que las personas hermosas no están exentas de luchar con problemas horribles. Mi

corazón se hundió cuando el doctor me dijo que corriera con mi hija al hospital.

Comencé a llevarla a casa, con su madre, que estaba esperando a nuestra segunda hija. De camino, recogí a mi propia madre para que me acompañara —sólo para que estuviera presente, no para que hablara. Estaba demasiado preocupado con mi temor. Mientras manejaba, el pánico inundó mi corazón, y sentí en mi boca la sensación ácida del temor. Mi madre, quien siempre ha tenido el don de verme la cara y juzgar mi corazón, supo que había algo terriblemente mal. Manejé aturdido hacia mi casa.

Finalmente, quebranté el silencio para compartir con mi madre que el doctor había dicho que debía internar a mi hija en el hospital ¡ese mismo día! En medio de mis confusos pensamientos y lágrimas reprimidas, un pensamiento saltó a mi mente. La idea me asombró. Y con ojos hinchados le hice a mi madre una pregunta que ninguno de los dos olvidará jamás: «¿Así es como te sentías conmigo?», pregunté abruptamente. Nunca pensé que fuera posible amar tanto a alguien.

¡Pensar que mis propios padres pudieran sentir lo mismo por mí, y yo sin saberlo! Sí, sabía que me amaban, pero hablo de este sentimiento desesperado, pulsante, hiriente que me hacía sentir que el sol no volvería a brillar sin mi hija, y que el césped dejaría de crecer si ella no estaba bien. Confieso que estaba asombrado. Es un sentimiento muy diferente del amor conyugal, aunque el de pareja es un amor estimulante y rico. Tal vez la realidad de que el bebé es un ser tan indefenso y vulnerable sea lo que hace que este amor se sienta diferente. De todas maneras, casi no podía conducir el automóvil.

El pulso me volaba, me había subido la temperatura. Estaba más preocupado por la bebé de lo que nunca había estado en toda mi vida. No había problema o deuda que pudiera superar la carga que yo tenía en mis brazos al manejar hacia casa. Así es; estaba tan desesperado que ni siquiera te puse en tu asiento del auto. Te mantuve en mis brazos. ¡Tenía miedo de soltarte!

A mi pregunta pendiente, la pregunta que demandaba que mi madre definiera sus sentimientos por mí, ella contestó suavemente: «Lo que tu sientes por esa niña, es lo mismo que yo siento por ti.» De repente conocí el secreto que sólo conocen los padres. No hay palabras para expresarlo. Sólo puedes conocerlo cuando tienes tu propio hijo. Es el don del amor que Dios permite que disfruten los padres, o tal vez deba decir «los buenos padres». ¡Es tan intoxicante como el vino! Ustedes, pobres padres que han abandonado voluntariamente a sus hijos, siento pena por ustedes. ¡Hay un nivel de amor y plenitud que sólo se puede conocer cuando se mira la cara de un hijo! Busca a tu hijo o a tu hija y ámalo. Eso los sanará a ambos.

> «Para que habite Cristo por la fe en vuestros corazones, a fin de que, arraigados y cimentados en amor, seáis plenamente capaces de comprender con todos los santos cuál sea la anchura, la longitud, la profundidad y la altura, y de conocer el amor de Cristo, que excede a todo conocimiento, para que seáis llenos de toda la plenitud de Dios.»
>
> —Efesios 3.17-19

¡Pensar que me amaban de tal manera y yo no lo sabía! La Biblia dice que el amor de Cristo excede a todo conocimiento. Es como mi hija, que crecerá y nunca sabrá o recordará ese horrible viaje desde el consultorio del doctor. Ella tendrá dificultad para comprender cuánto la amo.

¿Te has dado cuenta de lo intensamente que te ama Dios? Es decir, a pesar de tus aflicciones, Él te ama. Tal como yo sujetaba a mi hija, el Padre está sosteniéndote. Él te ha llevado a través de los lugares difíciles, confiando en que la fuerza de sus brazos te cuidará a través de los dolores de la vida. Está resultando ser un largo camino, pero Él continúa sosteniéndote.

Mi corazón se entristece al pensar en los días inevitables en que mis queridas hijas se preguntarán si las quiero. Quizás interpreten mal una acción en un momento de mucha ocupación. O una palabra dura produzca un torrente de lágrimas y un diluvio de dudas, preguntándose si son amadas. O quizá sea algo que creían que yo les debía dar o algún lugar al que debía llevarlas. Ellas se preguntarán: «¿Me ama?» Eso es triste; porque no recordarán las manos de un padre amoroso que las sostuvo a través de la tormenta y la lluvia.

Tal vez le has pedido algo al Padre y Él no hizo lo que tu creías que debía de hacer. Quizás te haya desilusionado que Él no se manifestara en la forma en que tú creías que lo haría. Antes de sentir que no te ama, toma un momento para pensar. ¿No hay evidencia en tu vida de que, en ocasiones, Él te cargó en los lugares difíciles y te ayudo a cruzar la tormenta? No te atrevas a actuar como si el Padre no te amara, sólo porque no siempre te consiente. Tal vez debieras alegrarte por el amor que Él ya te ha mostrado, y por los viajes en que ya te ha llevado a través de la noche.

Nunca olvidaré ese viaje a casa. Tal vez uno de mis mayores temores era encontrar las palabras para decirle a mis esposa encinta que nuestra hija debía ser internada en el hospital. Era un mensaje horrible para dar, en parte porque nunca había estado hospitalizado en toda mi vida, y en parte porque el dolor causa que la mayoría de los hombres regresemos a nuestra segunda niñez. No sólo el dolor sino la enfermedad

—¡hasta un catarro!— pueden convertir a un peso pesado de 100 kilos en un mocoso y llorón, que berrea para que su mamá le traiga sopita.

Pero el mayor temor de todos se basaba en la imagen que vi cuando el médico dijo: «hospital.» Me traumatizó, porque me imagine a mi hija, esa que normalmente estaría corriendo en su triciclo en el parque, conectada a sistemas de sobrevivencia, con tubos de oxígeno en la nariz. Estaba enloquecido con la preocupación.

Peor aún, sabía que en cuanto me viera mi esposa, ella vería más allá de cualquier apariencia que yo pudiera intentar. Ella tiene una habilidad innata para ver a través de tus ojos como una máquina de rayos X. Así que, cuando estaba en el umbral de la puerta, ya estaba esperando. Tiene ese don de las mujeres de hacer una pregunta, y al mismo tiempo pasar por alto tus palabras, recorriendo tu cara con un escáner para ver si les estás diciendo todo.

Sabía que no podría pasar la prueba, pero decidí intentarlo, porque no quería que se diera cuenta de lo profundo de mi preocupación. Como normalmente yo manejo las crisis bastante bien, ella se alarmaría mucho si yo entrara por la puerta y empezara a gritar. (Que, por cierto, es lo que quería hacer.)

Entre por la puerta con mi hija y mi madre. Tres generaciones de mujeres fuertes y maravillosas estaban juntas, cada una de ellas representando una avenida diferente de fuerza y amor. Intenté sonar suave y placentero. Luche por recordar lo que diría normalmente. Así que dije algo hueco, sin sentido: «¿Me llamo alguien?» Mi esposa desecho la estupidez de la pregunta, pasó su escáner por mi cara y preguntó: «¿Qué le pasa a mi bebé?» ¡Me habían descubierto!

«¡Tenemos que llevarla al hospital!», exclamé, con las lágrimas llenándome los ojos. El dique se había quebrado y allí estábamos.

Nunca olvidaré lo ridículos que debemos habernos visto, con mi madre cargando a la niña y mi esposa y yo abrazándonos como si hubiéramos estado en un accidente de aviación. Los dos estábamos llorando; es decir, estábamos dando alaridos. Y la pobre bebé que necesitaba ingresar en el hospital nos miraba como diciendo: «¿Qué les pasa?»

Fue entonces que supe, sin lugar a dudas, que Dios sana. Porque si yo fuera Dios y sintiera lo que sentía, de inmediato hubiera sanado a mi hija. La hubiera tocado y sanado en ese mismo momento.

¿Necesitas sanidad? Pídesela a Dios; Él te ama como un padre y le importa lo que sientes. Él no es un Dios reservado, macho y egoísta que no siente compasión por sus hijos. ¡No! ¡Él te ama y quiere bendecirte ahora mismo!

> «Pues si vosotros, siendo malos, sabéis dar buenas dádivas a vuestros hijos, ¿cuánto más vuestro Padre que está en los cielos dará buenas cosas a los que le pidan?»
>
> —MATEO 7.11

¡Aunque yo no podía sanarla, Dios sí podía, y ella hoy está bien porque su padre se la entrego a su Padre! Verán, yo sabía cuánto la amaba. Y tuve que confiar en el hecho de que Él la amaba más que yo. Me di cuenta de que Él podía velar por ella mejor que yo. Y decidí confiar en su decisión. ¡Y Padre con padre caminamos juntos a través de ese oscuro momento! ¡Oh, no importa por lo que estés pasando, no dudes de lo que te digo! ¡El Padre ama a sus hijas!

Déjenme compartir el siguiente milagro de mi vida con ustedes, hijas mías, y contigo, mundo.

Justo cuando creía que no había más espacio en mi corazón, llegó mi nueva pequeña. Debería haberse hecho presente una banda de al menos cien personas para anunciar la llegada de Sarah. Era completamente opuesta a la primera. Era una muñeca. Su cuerpo largo y esbelto estaba esculpido y diseñado. Sus brillantes ojos estaban acentuados por una sonrisa sin dientes que podía detener el tráfico. Era una perfecta damisela, al menos hasta que le entraba el hambre. Era entonces que este querubín, este Cupido, se convertía en una criatura de historias de terror. La muñeca podía dar alaridos como Tarzán. ¡La cara se le ponía roja y, literalmente, nos intimidaba a todos hasta que obtenía lo que quería! ¡Tenía un temperamento que podía detener un tren en su recorrido!

Yo estaba en la escuela. Dios quería que aprendiera a respetar las diferencias. Ella se podía parecer físicamente a mi otra hija, pero ciertamente no era como ella. Esta era una pequeña agresiva que iba con fuego tras lo que quería.

Verán; nuestra sociedad ha dedicado tanto tiempo a criticar las diferencias que fallamos en ver a Dios en la diversidad. Él nunca hizo dos hojas iguales. Quiere que seamos diferentes. Diferente no significa más o menos que, sino sólo diferente. ¿Alguna vez has despreciado tu propia singularidad? ¿Alguna vez has deseado ser otra persona? Si lo has hecho, yo arresto ese espíritu en el nombre de Jesús. Cuando te hizo a ti, Dios hizo a quien Él quería, y Él tiene un propósito para tu vida. Tu necesitarás esas fuerzas y vulnerabilidades que Él mezcló cuidadosamente en ti. Vas a necesitarlas para jugar tu papel en la historia. Nadie podrá hacerlo sino tú. Dios uso a mis hijas para explicarme a mí la diversidad.

Mi esposa y yo no pudimos «estereotipar» a nuestros hijos. Cada uno nos hizo ponernos de rodillas pidiendo dirección. No hay recetas para criar a los hijos. Con cada uno la receta varía, puesto que, en cada uno, ha ocurrido un cambio en el ingrediente principal. Lo único que mi esposa y yo tenemos por seguro es que, aunque se parezcan un poco, estas niñas no son iguales.

La pequeña estaba bien mientras recibiera lo que quería. No es que estuviera malcriada, sino que era muy firme y lo sigue siendo hoy día. Bien animosa y tempestuosa. Muy pronto se había salido de su cuna como si esta fuera un juguete más para su diversión. ¡Ella era agresiva, por decir lo mínimo!

Es voluntariosa e implacable. Sean cuales fueren los planes que Dios tiene para ella, sospecho que esas «herramientas» serán esenciales. Me he dado cuenta de que su personalidad es un «clon» de la mía. Es, definitivamente, el tipo de niña que no tiene temor. Hay muy poca timidez en ella. Entrará en el escenario antes que nadie, sin ningún temor. Es increíblemente valiente y confiada. Ella es yo, en vestido de mujer. Gracias a Dios, tiene los rasgos fisonómicos de su madre, pero con toda mi tenacidad. Es un plato picante; al igual que la comida mexicana, ¡está llena de fuego! Sarah, tú estás destinada a ser una mujer impetuosa, llena de fe y de poder. Porque aun ahora eres una ráfaga de viento que salta la cuerda, brinca y ríe. Hija mía, eres completamente deliciosa.

Cada hija tendrá un papel diferente en la historia. Ellas no son ni serán iguales, sino diferentes. ¿Sabías que Dios nunca quiso que tu fueras igual a otra persona? Él quiere que seas tú misma.

No podría amar a mis hijas más de lo que ya lo hago. Pero son completamente diferentes. La razón de amarlas es que las amo. No son sus amaneramientos, no son sólo sus personalidades sino la persona detrás de la personalidad. Fueron creadas únicas y divinamente dotadas en Cristo Jesús, para actuar de forma diferente.

Piensa por un momento. Si Dios no te hubiera hecho como te hizo, no habrías podido perseverar como lo has hecho. Hay muchas personas que no hubieran podido soportar lo que tu has pasado. Dios quiere usarte de una forma única para que seas una bendición a los que te rodean. Recuerda que las personas son bendecidas cuando eres sincera. ¡No perfecta; sólo genuina!

Tienes un papel que jugar. No dejes que nadie te manipule y te haga olvidar tu singularidad. Esas personas no fueron creadas para el destino de tu vida, y no pueden tener tu rol. ¿No te da gusto que Dios te preparare para la vida, en lugar de preparar la vida para ti? Y ya sea que la vida este lista o no para ti, ¡tú estás lista para ella! Sólo dile al mundo: ¡Prepárate, prepárate, prepárate!

> «Porque somos hechura suya, creados en Cristo Jesús para buenas obras, las cuales Dios preparó de antemano para que anduviésemos en ellas.»
> —Efesios 2.10

Mis hijas muestran diferentes grados de agresión, cualidades y dones. Ambas son absolutamente encantadoras y, sin embargo, completamente diferentes. Lo que trato de hacerles ver, hijas, es que la belleza viene en todos los colores, formas y tamaños. Viene en diferentes personalidades y habilidades. Es diversa y múltiple. Nunca permitan al mundo encasillarlas. No deben permitir que nadie las consigne a un determinado rol. Ellos no pueden determinar lo que es aceptable para ustedes. ¡Él las hizo, cuando Él lo quiso!

Hijas mías, les escribo esto porque me toca ministrar a muchas personas que se pasan la vida lamentándose. Quisieran ser más altas o más bajas. Siempre permiten que otros les definan la belleza. Están compitiendo con otras personas. Son miserables. Muchas de ellas tienen muchas riquezas o un gran intelecto. Pero hijas, la Biblia dice que gran ganancia es la piedad acompañada de contentamiento (1 Timoteo 6.6). Significa mucho estar contento. No se puede estar contento hasta que no se desarrolla el aprecio por uno mismo.

Eviten las relaciones con personas que no tienen respeto por sí mismos, porque la gente nunca las tratará mejor de lo que se tratan a ellas mismas. Si abusan de sí mismos, abusarán de su esposa, de los empleados; abusarán de todos y de todo.

El contentamiento viene del interior. Destruye los celos y celebra el éxito de otros. Sin importar lo que logres, si nunca logras el contentamiento, morirás sintiéndote miserable. Ya seas famoso o desconocido, educado o analfabeto, si nunca aprendes a tener contentamiento, nunca serás libre.

La gran ganancia de la Biblia es la piedad, la que continuamente debe ser nuestra meta, y el contentamiento, que debe convertirse en el lugar de donde surge la grandeza. Sólo concebirán la grandeza interna de ustedes mismas cuando descansen en el lecho del contentamiento y el aprecio de lo que Dios ha puesto en ustedes. ¡Entonces sus dones florecerán y todos nos alimentaremos del fruto de la integridad de ustedes!

Ahora todos somos estudiantes en la escuela de la vida. El Cielo es nuestro único diploma. Cualquier persona viva que no esté allí, no se ha graduado; aún está tomando clases. Ustedes aprenderán de todos. La persona juiciosa aprende sabiduría del necio y tonterías del inteligente. Uno debe tener la percepción para observar la vida profundamente y aplicar lo que se ve. Cada incidente, cada sentimiento, cada temor es una clase.

Cada uno tiene su propio currículum. Quien más te lastima es quien te enseña lo mejor. En la selva te enseñan a sobrevivir. La soledad se aprende mejor en medio de la multitud.

Las exhorto a aprender todo lo posible. Al mismo tiempo, comprendan que deben aprender de otros sin perder su esencia. Ella puede ser cultivada, pero no permitan que otro mutile lo que ustedes fueron creadas para ser. Son sobrevivientes y pueden vencer cualquier cosa; solamente traten de caer siempre de pie. No quiero que se pierdan en el laberinto de la vida y terminen siendo algo diferente a lo que fueron diseñadas para ser. Yo sé para que fueron diseñadas. Ustedes vienen de buena cepa. Nosotros no somos perfectos. Verán muchos defectos, pero somos fuertes. ¡Somos hijos del Rey!

Busquen personas que las realcen, no que las inhiban. Hay aquellos entre nosotros que fertilizan la mente dotada y le dan alas a sus velas abiertas. Esos son los compañeros de quienes deben rodearse. Deben buscar personas que las favorezcan. Cuando hayan estado con personas de calidad, ellas dejarán sus velas llenas de viento. Se sentirán con ganas de correr y verán mejor sus propias fuerzas a través de sus ojos. El discernimiento de ellas las mejorará. Crecerán gracias a las perlas de sabiduría que saldrán de la boca de ellos. Ustedes también contribuirán con sus propias y precoces palabras de sabiduría.

Cuando se encuentren con aquellos que traten de decirles que ustedes tienen muy poco que ofrecer, siempre recuerden el reír. Es de mala educación oír una broma y no reír. Seguramente bromean. Dios nunca hizo a alguien a quien no mirara después y dijera que era bueno y excelente. Como padre quiero ser el primer hombre en decirles lo que el Padre ya ha dicho: ustedes son maravillosas, están llenas de potencial. Las posibilidades están escritas en su frente. Podrán ser cualquier cosa que deseen, pero no podrán ser cualquier otra. Sean ustedes mismas, porque cuando uno es quien Él hizo y lo que Él hizo, Él siempre dirá: «¡Es bueno!»

> «Y vio Dios todo lo que había hecho, y he aquí que era bueno en gran manera. Y fue la tarde y la mañana el día sexto.»
>
> —GÉNESIS 1.31

Se nace como una hoja blanca de papel, la cual espera que se escriba en ella. Son el lienzo en el cual el tiempo creará una mezcla de experiencia y fe. Una melodía que espera ser cantada. La prosa cuyas líneas están siendo formadas y cuyos pensamientos aún se están acumulando. Tengan cuidado de qué mano dibuja en su corazón y escribe en su vida. Tienen un gran inicio. Sus posibilidades son infinitas y su potencial interminable. Están preprogramadas para tener éxito. He orado sobre ustedes y las he visto crecer.

Sin embargo, me doy cuenta de que no están exentas de los desafíos y de la aflicción. Así que, escribo para prepararlas para los eventos inesperados en sus vidas. Ya sea que sus desafíos surjan de un matrimonio que ha fallado, de aflicciones morales o físicas, aun así podrán vencer. Son fuertes y creativas, están dotadas y son capaces. Nunca permitan que nada ni nadie disminuya su confianza en Dios. Él es un Padre amoroso y se preocupa por ustedes. Su amor no depende de su desempeño. Él las ha amado sin restricciones.

> «Mas Dios muestra su amor para con nosotros, en que siendo aún pecadores, Cristo murió por nosotros.»
>
> —ROMANOS 5.8

Esto es lo que deben saber. Deben conocer el poder de la supresión. Deben saber que donde el dolor deja su huella, Dios borra el dolor. Si después de todo lo que he deseado para ustedes, puesto en ustedes e intentado darles, aún existiera un lugar quebrantado; si descubrieran que en sus vidas fueron escritas palabras equivocadas, una vez que las hayan descubierto no se rindan diciendo: «Esto es todo lo que puedo ser o hacer.»

Tomen el consejo de su padre natural. Con frecuencia he enfrentado desafíos, experimentado dolor y fallado miserablemente. Pero la vida tiene una tecla de supresión. Vuestro Padre celestial es un Dios de segundas oportunidades y nuevos horizontes. Ustedes enfrentan un sol naciente. Denle siempre la espalda a los soles ponientes de la vida y esperen a través de la noche en el espíritu de las expectativas. Siempre vendrá un sol naciente y un nuevo día lleno de oportunidades, nuevas personas y posibilidades frescas. ¿Saben? Lo más maravilloso de ser una hija de Dios es que Él da nuevas oportunidades cuando las pedimos.

CAPÍTULO TRES

SI ALGUNA VEZ TUVIERAS UNA NECESIDAD...

Hemos amado a todos nuestros hijos por igual. ¡Definitivamente, no hay ninguna diferencia en la intensidad del afecto entre cómo amamos a nuestros hijos e hijas! No puedo expresar lo mucho que nos importan los pequeños que nos han sido confiados.

Los hemos criado de forma diferente. Expresamos ese amor de forma diferente. Mi esposa, siendo una mujer y no habiendo experimentado nunca la vida como un niño, está enamorada de aspectos del desarrollo de los niños con los que yo estoy familiarizado. Y estoy familiarizado con ellos porque sé exactamente qué es lo que se siente siendo un niño o un adolescente. Ellos están pasando por las huellas que mis fatigados pies ya pasaron. Ya conozco todos los intrincados detalles del descubrimiento de la masculinidad.

Los preparo para el siguiente paso porque estoy demasiado consciente de lo que implica ser un hombre. Y al final de mis preparaciones, oro; porque puedo prepararlos para los desafíos de su género, pero no para los retos de su época. No conozco el mundo en el que ellos caminarán. Sólo puedo recetar las medicinas que me permitieron sobrevivir en mi época. Tendrán que modificar mis recetas de acuerdo a la época en que viven.

Ellos me buscan para que les dé fuerza y ejemplo. Buscan en mí afirmación y guía. Pero tienden a ir a su madre cuando tienen una necesidad. Su objetivo no es tanto hacia la preparación; es más hacia la gratificación. ¡Ella vive para verlos felices, yo para verlos listos!

Cuando caminamos por el pasillo a las habitaciones de nuestras pequeñas, su palacio de encajes, muñecas y flores es el lugar en que la enseñanza me parece de poca importancia. Es aquí donde me siento enamorado y abrumado por la mística de su suavidad. Sus voces frágiles y sedosas sólo necesitan sugerir una necesidad, y generalmente yo la satisfaré.

Mi esposa, quien las quiere con locura, es mucho más objetiva que yo. Ella sabe que debe prepararlas para la firmeza singular que se necesita para ser mujeres fuertes y diestras. Las está preparando para los cheques en blanco de la vida. Debe hacerles conocer los desafíos y las responsabilidades que la vida demanda, ya sea que se casen o se queden solteras, sean mujeres de negocios o reinas del hogar.

Juntos les proveemos entrenamiento y afecto impulsivo. A través de nuestro esfuerzo unificado, los niños experimentarán por lo menos el sabor de la singularidad de nuestras perspectivas. Dios planeó la familia, y Él hizo una obra maravillosa.

Habiendo dicho todo eso, Debo comenzar a explicar la fuerte compulsión que recae en un padre cuando oye una petición de su hija. Un padre podrá complacer la petición de un hijo. Tal vez permita que este espere si es necesario. El padre sabe que el esperar no le hará daño. Bueno, admito que probablemente tampoco dañaría a las hijas. Pero, ¿cómo puede un hombre saberlo? Él se siente muy protector, quiere proveerle de inmediato. Me es difícil expresar esto sin sonreír.

Puedo oír a mi esposa acusándome de malcriar a las niñas, una acusación que niego fervientemente. Si van en el auto conmigo y simplemente susurran un pequeño antojo de papas fritas o alguna otra delicia culinaria, mi esposa dice que casi deshago el auto dando la vuelta para ir a buscar lo que ellas quieren. Creo que está exagerando un poco, pero debo admitir que disfruto proveyendo para todos mis hijos.

Ocasionalmente, las suaves voces femeninas de mis esbeltas mujercitas me hacen ser un poco más complaciente que los gruñidos de mis hijos, cuyos fuertes brazos y espaldas no sugieren el grado de desamparo en el que mi ego necesite medrar. Al crecer, los muchachos se me han unido, ayudándome a proveer coraje y fuerzas a las mujeres de la casa. Sea cual fuere el motivo, creo que soy bastante complaciente con las peticiones de las niñas. Al fin y al cabo, ¡son tan delicadas...! ¡Me necesitan!

Me pregunto cuántas mujeres saben lo qué es sentirse padre. Es un sentimiento que hace que nuestro pecho se expanda de orgullo cuando nos acostamos por la noche, sintiendo que hemos hecho un buen trabajo al proveer para nuestras familias. Con frecuencia he caminado por toda la casa en la oscuridad de la noche, sólo para revisar una puerta o investigar un ruido temiendo por la seguridad de mi familia. No puedo descansar si su seguridad está amenazada.

Me pregunto cuántas mujeres se dan cuenta de que tienen un Padre que nunca duerme ni dormita. Ha asignado ángeles para que las circunden y preserven su seguridad. No ahorrará nada para asegurarse de que estén a salvo. Él no descansará. Se elevará con sanidad en sus alas y vendrá a ti en un instante, permaneciendo contigo a lo largo de la noche. Él es el Padre eterno. Él no se va, no abandona y no te olvida. Siempre está ahí. Lo que tú debes entender es que le importas mucho. Él quiere que tengas todo lo que necesitas.

Miles de feministas podrán borrar «Padre» de la Biblia y reemplazarla por un término neutro que les parezca «menos ofensivo». ¿Cómo podemos ser liberales si siéndolo corremos el riesgo de eliminar las distinciones? ¿Es que nadie ha señalado la diferencia entre distinciones y discriminaciones? Este no es el esfuerzo de eruditos bíblicos bien intencionados tratando de encontrar una palabra contemporánea que no altere el significado intencional del texto. Esta es una generación que le dice a Dios: «Tú eres cualquier cosa que nosotros digamos que eres.»

Es patético pensar que, cambiando una palabra en un libro, cambiará un género en la realidad. Si Dios se representa a sí mismo como padre, tal vez sea porque Él conoce mejor lo que el amor de un padre debe representar. La ofensa nace en el corazón de alguien que no ha logrado entender que un padre es un cumplido a una mujer, y no un insulto. Tristemente, hemos llegado a una época en que el papel del padre ha sido tan mutilado que hemos perdido cualquier revelación real sobre la profundidad de los sentimientos del Padre. ¿Cómo puede ofenderse una hija que alguna vez haya visto la amplia sonrisa en la cara arrugada de un padre compasivo, cuyo mayor gozo es ver que su hija tenga éxito?

Un buen padre no es un insulto a la feminidad. Un buen padre es un ávido aficionado de su hija, una fuente de aislamiento ante el insulto y la adversidad. Él está allí para ella. La nutre.

¿Quién nos ha embrujado que hemos perdido todo el sentido de la diversidad? ¿Nos hemos vuelto tan sensibles que pervertimos el plan de Dios y distorsionamos su Palabra por una agenda política? ¡Óiganme cuando declaro que el Padre ama a sus hijas! ¡Su corazón clamó a través del profeta Jeremías por la sanidad de sus hijas! Él quiere verlas bendecidas.

«Quebrantado estoy por el quebrantamiento de la hija de mi pueblo; entenebrecido estoy, espanto me ha arrebatado. ¿No hay bálsamo en Galaad? ¿No hay allí médico? ¿Por qué, pues, no hubo medicina para la hija de mi pueblo?»

—JEREMÍAS 8.21-22

Es el gozo del Padre proveer para sus hijas. Cualquiera sea la necesidad, desea verla cubierta. Él clama a través de Jeremías: «¿No hay allí médico?» Es decir: «¿No dejé una provisión para su calamidad?» Su condición sugería que Él había fallado en dejar provisiones, pero eso no era cierto. Él es Jehová Jireh, el Padre de la provisión. Es la realidad de la cual Abraham sólo era una sombra. Es el Dios dadivoso a quien le encanta saber que todos sus hijos están bendecidos. Él bendecirá a sus hijos, quienes fueron creados directamente a su imagen y con su semejanza. ¡Cuánto más respeto tendrá por la mujer como el vaso más frágil! No frágil en términos de calidad, sino de mayor suavidad. Una camisa de seda es más delicada que una de algodón, aunque también es más valiosa. ¡Más frágil no significa menos; sólo más suave, como el satín!

«Vosotros, maridos, igualmente, vivid con ellas sabiamente, dando honor a la mujer como a vaso más frágil, y como a coherederas de la gracia de la vida, para que vuestras oraciones no tengan estorbo.»

—1 PEDRO 3.7

Aquí el Padre le está enseñando a los hombres a honrar a la esposa como al vaso más frágil. El termino honor explica que el término más frágil no es una comparación de calidad sino una expresión de sensibilidad. Es un honor ser tratadas como más frágiles, con amor y cuidado. El Diccionario expositivo de palabras del Nuevo Testamento, de W.E. Vine, define la palabra griega para honor, de la siguiente forma:

> TIMÉ: primariamente una valoración, de ahí, objetivamente, (a) un precio pagado o recibido ... (b) de la preciosidad de Cristo para los creyentes ... (c) en el sentido de valor ... (d) honor, estima...

Dios no le dice a los hombres que honren a las mujeres porque las ame más que a ellos. Más bien, Dios expresa la necesidad de tratar a sus hijas de forma diferente que a sus hijos. ¿Pueden ver que su nivel de amor es el mismo, pero su expresión es diferente?

Necesitamos esa distinción. Y la distinción puede existir sin la discriminación. ¡Disfruten lo que son! Una de las mayores tragedias ocurre cuando las mujeres luchan por llegar a un lugar en el que son tratadas como hombres. La tragedia se vuelve notable cuando más tarde perciben que el verdadero honor hubiera sido el ser reconocidas y honradas como mujeres.

Sé, queridas hijas, que habrá quienes traten de rebajarlas y darles poca importancia. Ellos tratarán de discriminarlas porque son mujeres. No peleen por igualdad sino por neutralidad. Sus distinciones son demasiado valiosas como para perderlas. Existen ciertos beneficios que van unidos al ser quienes son y ser de quien son. Su Padre es el Rey, y ustedes son sus hijas, sus princesas. Sólo necesitan pedir y Él tiene el poder de mover a su favor.

Si ustedes van a Él como su Padre y entienden que son sus princesas, sus hijas, su gozo, ¡cuántos milagros sucederán al perder sus inhibiciones en el milagro de su amor! Esos son los brazos que amenazan a los enemigos y hacen huir a los asaltantes. ¡Pero también son los brazos tiernos y cariñosos del Padre afectuoso, que es vulnerable al clamor de su semilla! Sus vidas de oración explotarán literalmente cuando se den cuenta de que el Padre desea bendecirlas.

Hijas mías, cuando ustedes eran pequeñas y corrían hacia mi con sus pañales colgando, yo estaba allí como su padre natural. Aunque a veces el olor era feo, y el accidente que esos pañales escondían era lo suficientemente fuerte como para desear dejarlas en el suelo, aun así las levantaba.

Este es el amor que Dios tiene para ustedes, sólo que mil veces más real. Habrá momentos en que ustedes teman ir a Él, sabiendo que detectará fácilmente que han tenido un accidente. Nunca le teman. Con lo débil que yo soy, las amaba lo suficiente para cargarlas hasta que pudiera lavarlas. ¡Cuánto más grande es su amor que el mío! Ese es el amor que viene del Padre, que sabe que la equivocación pasará, pero el amor por la hija continuará! No tengan temor de su Padre. Él ya sabe que ustedes han cometido y cometerán equivocaciones, y las levantará si ustedes se lo piden.

Les estoy diciendo esto por si acaso alguna vez tienen una necesidad. Si alguna vez necesitan a alguien que las apoye, sin importar cuán complicado sea el problema, allí estará Él. El mal olor del error nunca podrá con la fragancia de su amor. Él las adora. ¿Cómo podrán saber esto a menos que algún hombre les hable de la intensidad del amor de un padre? Me temo que ustedes tendrán necesidades y neciamente tratarán de cubrirlas por sí mismas. Como un escritor de himnos declaró sabiamente:

Oh, la paz que con frecuencia perdemos;
oh, cuánto dolor innecesario llevamos;
sólo es porque a Dios en oración
no siempre todo le entregamos.

Muchas veces fallamos y no vamos al Padre que nos puede ayudar. En lugar de eso corremos a los brazos de alguien que nada puede hacer. Sí; seguro que me gustaría verlas casadas y criando niños, si eso es lo que ustedes también desean. Pero entiendan que no deben de casarse con alguien pensando que él podrá salvarlas. Los hombres no son salvadores; no tienen nada con qué salvarlas. Los hombres somos herederos, junto con nuestras esposas, de la gracia de vida. Ambos somos elegibles para la herencia. Nosotros no damos la herencia; la necesitamos al igual que nuestras esposas.

Así que, queridas hijas, no se engañen buscando en los brazos de carne la sanidad que viene de los brazos de Dios. Si eligen casarse, no lo hagan porque tengan necesidad. Cásense por la abundancia de lo que tienen para ofrecer. Cuando dos personas entran en una relación por lo que puedan recibir, ambos quedarán desilusionados. Las quiero demasiado para verlas desilusionadas.

Ningún hombre, sin importar cuán maravilloso sea, podrá borrar todas las lágrimas de los ojos de ustedes. La vida traerá muchas lágrimas; ellas son inevitables. Son parte de la existencia. El placer y el dolor, el sol y la lluvia, todos están entremezclados con la supervivencia diaria. Habrá raspones y rasguños, magulladuras y quebrantamientos, que ni su esposo ni su padre natural podrán sanar. Quiero que sepan a dónde acudir cuando la vida pese demasiado.

Espero siempre poder estar allí para responder a sus preguntas y sostener su mano. Espero estar allí cuando se gradúen y logren diversos niveles de éxito. Quiero ser el que camine hacia el altar con ustedes, cuando hayan encontrado a quienquiera que encienda la llama en sus ojos.

Aun más, quiero estar allí cuando su mundo parezca frío y sus amigos parezcan pocos. Espero estar allí para escoltarlas a través de los lugares oscuros que yo he enfrentado con frecuencia. Moriría protegiéndolas, orando por ustedes o simplemente amándolas. Pero puedo haberme ido antes de que lleguen las nubes grises y caiga la lluvia. Odiaría el decirles adiós antes de que hayan besado su estrella y encontrado su arco iris, pero no tengo miedo mientras tenga la oportunidad de hablarles de su otro Padre. Él es más fuerte y mucho mejor que yo. Me ha ayudado a darles todo lo que tengo; fue su mano detrás de la mía. Fue su brazo dentro del mío. Cada bendición que hayan recibido a través mío vino de Él. Nunca estarán solas. Él me ha mimado para que yo pueda mimarlas.

Si Él elige amarlas directamente, entonces sólo me haré a un lado. He sido un intermediario suyo. Sé que no lo he hecho tan bien como Él lo haría, pero en verdad he sido bendecido describiendo su amor con mi boca, y sus besos con mis labios. Yo solamente he disfrutado el dejar que Él las ame a través mío. Quiero ser su conducto de expresión y su descarga de compasión. He disfrutado oyendo su voz cantar a través de mí. Él me ha ayudado inmensurablemente. Él las alimentó. Con mi mano, pero las alimentó todo el tiempo. Su madre tal vez no lo sepa, pero los mejores momentos de nuestras vidas fueron los momentos en que Él brillaba a través de mí. ¡En realidad, me ha hecho quedar bien! Pero, ¡ay de mí!, debo revelar mis fuentes y descubrir mi fuerza por si acaso se presenta un problema y ustedes se encuentran con que tienen una necesidad.

Tal vez llegue el día en que la vida dé una vuelta y yo no pueda hablar ni una palabra. Al menos puedo hablarles de su otro Padre ahora. Seguramente Él me sobrevivirá. Es más sabio que yo, y puede hacerlo todo. Yo sé que es difícil para ustedes creerlo o para mí imaginarlo, pero Él las ama aun más que yo. Y me alegra conocerlo. Algunos padres no lo conocieron, y por eso nunca le hablaron de Él a sus hijas. ¡Algunos no tenían la intención de fallarle a sus hijas, pero no conocían el modelo y no tenían a quién copiar! No obstante, no hay excusas. Cada padre debe hablarle a su hija de su otro Padre, por si alguna vez ella tiene una necesidad.

Siempre habrá necesidades. Todos las tenemos. Tanto hombres como mujeres. Tenemos tantas que nunca podremos asegurarnos el uno al otro que podemos satisfacernos mutuamente. La satisfacción real viene de Dios. Él es el único que puede circundar cada necesidad y satisfacer cada deseo. Quiero que ustedes tengan una pareja; es honorable estar casadas si ese es su deseo. Sólo comprendan que quienquiera que sea que Dios envíe a su vida, será limitado y humano. Ellos les darán una medida de solaz, pero la verdadera plenitud solamente viene de Dios. Hay algunas áreas de su vida que Dios se ha reservado solamente para sí mismo. Él las sanará y las llenará; nadie más podrá hacerlo.

Se los recomiendo porque ha sido mi amigo de confianza y mi confidente. Nunca me ha traicionado ni ha divulgado un secreto. Es del tipo fuerte y silencioso. Sabe cuándo quedarse quieto. Cuando las noches son frías y los días son monótonos y pesados, Él es consuelo y paz. Es para el alma lo que un té caliente es para el cuerpo. Fortalece y da calor en la frigidez de la vida a aquellos que en Él confían. Es la provisión para el problema y la solución a los desafíos que la vida seguramente presentará.

Ustedes no necesitan impresionarlo. Él ya sabe quiénes son. Las ha examinado y conocido (Salmo 139.1). No hay necesidad de tratar de proyectar una imagen; las ha visto desnudas. Ha examinado sus pensamientos y conocido sus fantasías. De algún modo ustedes se sienten vulnerables, percibiendo que lo que sea que traten de discutir con Él, Él ya lo sabe. Pero el bálsamo de sanidad fluirá sobre las heridas sangrantes de la vida, cuando se den cuenta de que este omnisciente conocimiento no ha hecho que las abandone. Él aún está allí.

¡Qué amor! El amor se encuentra en su cúspide cuando, viendo lo peor de una persona, aun así no ha sido olvidada. Ese es el amor que su Padre celestial tiene para con ustedes. ¿Por qué quiero que sepan esto? Porque no quiero que sean de esas mujeres necias que huyen de la única respuesta que existe para las dudas de la vida. Nunca deben huir de Él. Nunca deben huir de mí. Él tomó su decisión respecto a ustedes antes de que los mundos fueran formados, y yo ya la he tomado también.

Esta no es la pauta de amor que deben de buscar en los hombres. No es el instrumento por el cual deben medir a los hombres; nunca encontrarán a un hombre como Él. Este amor del cual hablo es el que Dios da para compensar al corazón sediento, ese corazón que ha bebido de las aguas de las promesas de los hombres, y cuya necesidad aún no ha disminuido. Es el arroyo al que venimos cuando nadie ha apagado la sed de la vida. Es el conocimiento refrescante de un amor que calma los desesperados anhelos y adherencias que otros desarrollarán. Ellos andarán a tientas y peleando para lograr el toque de hombres, cuyos brazos no podrán borrar el dolor. Pero con ustedes no será así, porque les he hablado del Único, cuyo beso puede curar el dolor y aliviar los temores en caso de necesidad.

Las quiero demasiado para permitir que se unan a las masas de mujeres que persiguen locamente el afecto de algún amante ficticio, cuya armadura brillante es una mera fantasía que nunca se realizará humanamente. No puedo permitir que se amarguen al buscar desordenadamente de relación en relación, tratando de encontrar el amor divino en los corazones humanos. No permitiré que piensen que en algún lugar bajo el sol se encuentra un héroe que no esté manchado por defectos humanos. Si van a amar a un hombre, entiendan que es un hombre. Así nunca se desilusionarán por lo que no esperan.

En resumen, hijas mías, amores míos, lo que sea que necesiten, ya sea natural o espiritual, Dios es la fuente de la que surgirán sus bendiciones. No las busquen en los hombres. Podrán venir a través de los hombres, pero no de ellos. Toda la ayuda para ustedes vendrá del Señor. Él usará a las personas de vez en cuando, pero sus necesidades más profundas las llenará Él mismo. Sólo Él puede liberar el alma. El hombre enyesa los huesos, pero sólo Dios hace que se unan. El hombre da amor, pero Dios llena el vacío. Cualquiera que sea el escenario, recuerden incluirlo.

Rediman sus tesoros a través de su Palabra. Si no vienen de su Palabra, no son de Él. Sólo querrán la respuesta que viene de Él. La paciencia será un verdadero desafío. Es difícil aprender a esperar. Cuando sientan que necesitan algo hoy y Dios no responde de inmediato, deben aprender a confiar en Él y esperar. Cualquier cosa que uno mismo provea, solamente aumentará la lucha. Esperen en sus bendiciones, y a su tiempo tendrán el tipo de bendiciones que no traen tristezas.

> «La bendición de Jehová es la que enriquece, y no añade tristeza con ella.»
>
> —Proverbios 10.22

Eso es lo que un buen padre quiere para su hija: bendiciones sin tristeza. Sé que no puedo protegerlas de todo el dolor. Sé que el dolor es un instrumento de corrección y un conducto para el poder. No obstante, tiemblo al pensar que ustedes carguen más de la cuenta. Quiero que los dolores de la vida sean mínimos, gracias a los buenos consejos. Así que les hablo desde mi corazón y las aconsejo con mi pluma. Miren hacia Dios cuando haya necesidades en su vida. Él satisface. Como mansas ovejas que pacen tranquilamente bajo el sol de la tarde, ustedes encontrarán satisfacción para su alma y contentamiento consigo mismas.

Las divagaciones nerviosas, anhelos frenéticos y cargas desesperantes se disiparán bajo la luz de su sonrisa y en el entendimiento de que no se encuentran solas.

En nuestro mundo existen innumerables mujeres que han sido abusadas. De muchas han abusado sexualmente y otras han sido aisladas. Son de todos colores, edades y tamaños. Muchas envuelven sus secretos con pieles y los disfrazan con joyas. Algunas andan en harapos, tambaleándose por las calles de las ciudades. Con una voz gutural gritan obscenidades y vulgaridades. Unas y otras sienten amargura y dolor. Nunca han conocido el amor y la ternura. Sus vidas han sido una serie de desengaños y aflicciones. Cuando las encuentren, háblenles de que existe un Padre que no abusa ni viola, que no roba ni degrada. Díganles que Él es quien les permitió sobrevivir a los lugares oscuros. Díganles que Él es real.

Él es quien permite que lo quebrantado se rompa sin deshacerse, quien sostiene al débil y consuela al quebrantado. Es el Padre que arrulla a la mujer de la calle y conduce a la prostituta vencida a través de la noche. Es quien ha impedido que el arma se dispare, quien alivia el dolor del adicto, da descanso a los nerviosos y fortaleza a los temblorosos. Es el Padre de los huérfanos, quienes tal vez ni sepan que Él los llevó a su casa muchas noches en que otros los hubieran devorados. Los ha cuidado a través de las circunstancias y los ha alimentado de la mano de extraños. Él no ha olvidado a los menos afortunados o a los más temerosos, sino que vierte sus ungüentos amorosos en los secretos de nuestras vidas.

Hijas mías, díganles que Él es fiel. Que no deben culparlo por el dolor, sino agradecerle el haber sobrevivido. Él es el guardián que salva los corazones heridos de las hijas quebrantadas, y les da el don del mañana.

Mis dos queridas hijas, ustedes no son huérfanas. No han sido olvidadas por su padre o rechazadas por su madre. Aquí estamos, y aun si no estuviéramos no serían huérfanas, porque tienen otro Padre que siempre velará por ustedes. Cuando se despierten con miedo y sientan que la habitación se les viene encima, recuerden que Él está allí. Cuando aquellos con los que trabajan las reprendan y las avergüencen, y la vida les parezca injusta, Él estará allí. Cuando surja la tragedia y corran por su mente decisiones impensadas, recuerden que les enseñé a confiar en un Dios que no fallará. Les he enseñado lo que yo mismo creo, lo que me ha ayudado a través de la tormenta. Y se los enseñé por si despiertan y me encuentran dormido; por si tienen una necesidad.

> «Mi Dios, pues, suplirá todo lo que os falta conforme a sus riquezas en gloria en Cristo Jesús. Al Dios y Padre nuestro sea gloria por los siglos de los siglos. Amén.»
>
> —Filipenses 4.19-20

Hay una diferencia entre los deseos y las necesidades. Hay muchas cosas que ustedes querrán y algunas que ustedes desearán intensamente. Eso no significa necesariamente que las tendrán. Habrá muchos deseos que nacerán en su corazón a través de otras fuentes. Algunos vendrán de sus compañeros y amigos. Otros por su edad y etapa en la vida. Habrá veces en que cosas tan inanimadas como la televisión influenciarán en lo que sientan que necesitan. Dios no concederá todo lo que ustedes sugieran en medio de todas estas influencias. Un buen padre no cumple cada antojo. Él decide cuidadosamente qué es lo mejor para sus hijas.

Esto requerirá de fe, pero, con madurez, ustedes deberán concluir que si Dios no lo concede es porque no lo necesitan. Tal vez lo quieran, pero si hubiera una necesidad, Él lo hubiera suplido. Prometió hacerlo, no tienen que rogar o suplicar; no tienen que manipular o enfurruñarse. Si Dios lo ha prometido, su palabra es segura. Eso significa que cuando hay discrepancia entre lo que ustedes creen necesitar y lo que les es suplido, recuerden que Dios no puede mentir. Si fuera para su bien —si fuera una necesidad, emocional, física o espiritual— Él la supliría.

Pero cuidado, mis queridas hijas. Recuerden que ustedes prosperarán y tendrán buena salud según prospere su alma (3 Juan 2). La principal necesidad es que su alma prospere; nada debe ser de mayor importancia que eso. Toda provisión fluirá «al prosperar su alma.» Es por ello que deben asegurarse de mantener un corazón saludable y una mente sana para Dios. Porque, ¿de que les aprovechará como mujeres ganar todo el mundo si perdieran su alma? (Marcos 8.36).

No pierdan su alma (mente, memoria y afecto) por «cosas». No se llenen de tensión o se consuman, no se celen o se peleen por cosas. Ellas no las prosperarán si sus valores son interpretados erróneamente. Mantengan su cabeza en el lugar correcto. Busquen el Reino y su justicia, y todas las cosas, no importa lo que sean, les serán añadidas (Mateo 6.33). ¿Por qué? Porque vendrán a ustedes según prospere su alma.

Si están leyendo este libro y toda su vida ha sido saqueada, lo primero que deben de hacer es asegurarse de que tienen una relación correcta con Jesucristo. Es importante. Cuando estén bien con Él, tendrán la garantía de que si tienen una necesidad,

Él la suplirá. Tal vez no llegue cuando ustedes crean que deben recibirla; vendrá cuando más la necesiten.

¿Están bien las cosas entre ustedes y su Padre celestial? ¿Están en contacto con Él? ¿Someten su vida a su Palabra? Someterse significa algo más que ir a la iglesia. ¿Están sexualmente bajo su control? ¿En cuántas áreas de sus vida Él puede entrar? Ese es el tipo de preguntas que requerirán una respuesta en caso de que alguna vez tengan una necesidad.

Me gustaría que oraran conmigo. Me gustaría que me permitieran orar con ustedes cuando enfrenten los difíciles desafíos, al hacer cambios para ser las hijas que Él quiere que sean. Sé muy bien cuán difícil es lidiar con el propio yo. Existen esas ataduras que nos abruman. Existen relaciones que nos atrapan. Necesitamos la ayuda divina. ¿Orarían esta sencilla oración?

Querido Señor,

Vengo en el nombre de Jesús. Estoy cansada de hacer las cosas a mi manera. Me doy cuenta de que no he sido honesta ante ti, y que no he sido el tipo de hija con la cual tú estarías complacido.

Gracias por amarme a pesar de mí misma. Has sido bueno conmigo. Me arrepiento de toda la vergüenza que pueda haberte causado. Quiero estar bien contigo. Concédeme la victoria sobre mí misma.

Digo sí a que seas el Señor de mi vida. Te entrego hasta esas áreas que he estado apartando para mí misma. Quiero que comiences a restaurar lo que el pecado haya destruido en mi vida.

Gracias, Padre, por ayudarme a través de las dificultades de la vida. Amén.

CAPÍTULO CUATRO

Niñas sin padre, mujeres temerosas y fidelidad

Ustedes y yo sabemos que no hay tal cosa como una niña sin padre. Imposible. Cada niña tiene un padre biológico, o al menos un hombre que con su semilla contribuyó a la producción.

Sin embargo, la verdadera tragedia es que el sólo donar el esperma a una matriz abierta no hace a un padre. Como tampoco el dar a luz hace a una madre. La total realidad es que el papel de un padre es más importante después del nacimiento, no antes. No es la concepción de la criatura lo que presenta el desafío de la paternidad; es la crianza de la criatura lo que determina si un hombre es solamente un donador o un padre en el verdadero sentido de la palabra.

Muchos hombres no perciben lo importante que es el que haya una figura paterna en el hogar. Inclusive muchas mujeres no perciben que es útil y saludable tener un padre responsable y amoroso en el hogar con sus hijos. Cada uno de nosotros, la madre y el padre, contribuimos con diferentes cosas a la totalidad del desarrollo. Cuando hay un padre ausente, existe una pérdida y una carencia que afecta todos los aspectos de las vidas de los niños, así como a la madre de la cual nacieron. Los padres no son opcionales como el equipamiento «extra» que pueda traer un automóvil. Son necesarios, y cuando no están presentes hay dolor.

Es obvio que un padre es importante para el bienestar de un joven. Es de nuestros padres que recibimos el primer modelo, al cual esperamos parecernos de alguna manera. Ayuda mucho el poder limar nuestros bordes ásperos siguiendo el patrón de alguien a quien admiramos. Aún puedo recordar mi fascinación con el pelo en el pecho de mi padre, y el chequeo periódico para ver si alguna traza de pelusa aparecía en mi lampiño pecho. Me imaginaba que él representaba lo que yo sería algún día. Por consiguiente, es fácil entender que la ausencia de un padre deja a un niño sin el deseado consejo y objeto de emulación.

Desafortunadamente, el tema del efecto de un padre sobre las hijas es mucho menos explorado. No quiero dar a entender que no se puedan criar niños saludables y normales en hogares fragmentados o con un solo padre; sólo estoy señalando que en el plan divino hubo dos padres para ayudar en el proceso de la crianza. Una hija observa a su padre y llega a conclusiones de lo que son los hombres. Ella observa y estudia a su padre para averiguar qué acepta o no un hombre. Es en esa posición desde donde ella toma las notas que la ayudarán años más tarde. Puede determinar si los hombres son estables o inestables, imprudentes o responsables. Es por esto que, como padres, tenemos tan imponente responsabilidad. Con nuestras acciones estamos definiendo los puntos de referencia de la próxima generación. El futuro esposo será sopesado en la escala de lo que su padre era o dejaba de ser para con ella y para con su madre.

Además, muchos hombres fallan en darse cuenta de que algunas mujeres están traumatizadas por problemas de la infancia, los cuales varían en complejidad; desde los padres que eran callados y se mantenían apartados hasta los casos mucho más trágicos de vejamen o abuso físico. Algunas crecieron en hogares donde sus madres eran maltratadas. Otras fueron criadas en hogares con padres pasivos y las madres dominantes. Todas esas circunstancias afectan su imaginación y su percepción del sexo masculino. Para muchas mujeres con estos antecedentes es un gran desafío desechar las imágenes que perturban los rincones de su mente y entrar en una relación de pareja.

Mis queridas hijas, espero que haya bastantes ejemplos positivos en este mundo que puedan darles alguna idea de la clase de hombre que debe merecer su atención y afecto. Es mi esperanza que mi trato como padre siente algunos precedentes para las normas que requieran de los hombres que tengan un lugar de importancia en su vida. Ciertamente puedo confirmar que existen muchas damas encantadoras, cuya definición de la hombría no comenzó tan placenteramente como la de ustedes. Para ellas es una verdadera lucha el volver a ganar su balance en una relación con una persona del otro sexo.

Verán, una hija puede ser afectada de muchas formas cuando no hay un padre en el hogar. Algunas están tan hambrientas de aprobación masculina que aquello que debería ser una atracción normal hacia los hombres se acelera y cae en una necesidad obsesiva de afirmación masculina. Trágicamente, estas queridas damas permiten ser devoradas en los brazos de hombres que no tienen aprecio ni respeto por ellas como personas. Queridas hijas, entiendan que existe una gran diferencia entre sexo y amor. Habrá carencias en sus vidas, aun cuando tengan mi presencia encontrarán carencias; lugares con necesidades y áreas en que fallé en afirmar o ustedes fallaron en recibir. Pero entiendan que la glotonería no sana el hambre. Eso solamente es otro tipo de desorden. Dense cuenta de que si tienen hambre en algún área, el volverse glotonas no sanará la carencia de años anteriores.

La mayoría de las personas entran en las relaciones por gratificación. La gratificación sexual solamente es la punta del témpano. En realidad, estamos tratando de encontrar los brazos que no tuvimos en la niñez; queremos sentirnos deseados y afirmados, consolados y seguros. Solamente entiendan que cuando hay una carencia en su vida, se necesita a Dios para sanarla. De otra forma se encontrarán tratando de alcanzar en los hombres una restauración que sólo Dios les puede dar. Si todos somos vulnerables en esas áreas que quedan sin resolver, ¿se pueden imaginar lo difícil que debe ser para esa niña que nunca se ha sentido querida por su padre?

Algunas mujeres llevan en secreto la culpa de que han sido malas hijas, pensando que fue por ella que sus padres no se quedaran con sus madres. Siempre están tratando de probarse algo a sí mismas. Ahora bien, les diré que madurar siempre es difícil. Y es aun más difícil cuando la mujer de hoy está luchando con la pequeña de ayer. En algún lugar profundo, bajo las sonrisas y las uñas pintadas, se encuentra un anhelo, un dolor, un vacío. En algún lugar bajo los símbolos del éxito se esconde un sentimiento de imperfección.

El vacío contamina sus éxitos y mancha sus logros. Ellas desconfían de los hombres en general o idealizan la atención de un hombre como el epítome del éxito y la realización. Tienen miedo de estar solas; sienten como si hubieran estado solas toda la vida y combaten ese sentimiento añadiendo gente. Si fueran sensatas sabrían que el tener gente en su vida, en su casa o hasta en su cama, no asegura que no se sentirán solas. Pero si en verdad llegan a conocer a Dios, podrán estar solas sin sentirse tristes y ansiosas de compañía. Es cuando logran el don de saber estar solas que en verdad están listas para compartir su compañía con otra persona.

Hijas, yo creo que cuando alguien se involucra con uno, se vuelve parte de lo que estaba sucediendo antes de que llegaran. Para algunos hombres esto es traumático, porque si la mujer no era feliz antes de que él llegara, muy pronto será infeliz con él cerca. Ella pasará de estar locamente enamorada a estar distante y frustrada, porque esperaba que él fuera todo lo que la vida no le dio. Primero está emocionada, más tarde está decepcionada porque al darse cuenta de que aún está involucrada con una herida del pasado. Es un vacío que sólo el Espíritu Santo puede llenar.

Muchos cristianos están sentados tan alto en su silla, creyéndose tan justos y buenos, que con frecuencia fallan en ministrar al dolor que hay detrás del pecado. Ellos se preocupan por los hábitos del pecado, pero no parecen entender que remover el acto no libera el corazón; sólo reprime un problema que se manifiesta en cinismo y frustración. Él puede enseñar a las personas cuando no tienen dolor. Es como decirle a un niño que no se rasque cuando le pica. Él se rascará hasta dormido, porque está sintiendo la incomodidad. Pero si uno aplica una crema que alivie la incomodidad, el hábito se interrumpirá fácilmente.

Me apena el que vivamos en un mundo lleno de dolor y erupciones. Me apena el que vivamos en un mundo lleno de imperfecciones y cicatrices. Pero en todas mis búsquedas, lo único que he encontrado que pueda ofrecerles para aliviar la necesidad de afecto y el sangrar de sus cicatrices es Jesús.

Encontrarán muchas mujeres sensibilizadas por las frustraciones y el descontento que surge de su necesidad de ser afirmadas por una imagen masculina. Algunas habrán llegado a un punto en que están amargadas por la falta de ejemplos masculinos positivos. Ellas se arrojarán de lleno a sus carreras, educación o alguna otra demanda, buscando evitar la batalla de los sexos. Dios nunca pretendió que fuese una batalla; Él deseaba que uno complementará al otro. Pero cuando el complemento se aplaza bastante, habrá irritación. Yo lo llamo erupción. Es una comezón difícil de rascar. Gracias a Dios por Jesús; Él cura las cosas que nos frustran, eliminando finalmente toda la lucha en los corazones de quienes confían en Él.

Su presencia es la medicina que hombres y mujeres necesitan, para evitar las obsesiones y los extremos que acompañan los desórdenes y las disfunciones. ¡Literalmente, Él es el bálsamo que, si se aplica completa y regularmente, puede quebrantar los hábitos que todos tratamos de controlar! Es el bálsamo para cada mujer y cada hombre cuyas vidas hayan sido lastimadas por algo que recibieron. Él provee hasta para aquellos cuyo dolor surge de los recuerdos hambrientos de lo que no recibieron. Es el pan del Cielo, y si ellos lo toman, Él los satisfará.

Hijas mías, cuando ustedes estaban creciendo en la misma casa conmigo, aprendieron los efectos del encanto femenino. Aprendieron cómo conmoverme y cómo hacerme sonreír. Aprendieron los límites —qué toleraría Papá, qué toleraría Mamá. Muy pronto supieron qué pedirle a cada cual. Estaban llenas de discernimiento sicológico, recibido naturalmente y abundantemente aplicado. Ustedes analizaban todo en la casa; eran brillantes. Bien, esa perspicacia las ayudará posteriormente en sus relaciones, porque es aquí que comenzaron a prepararse para el mañana.

Ustedes pueden cambiarme con una sonrisa. Pueden derretir mi más firme resolución con un beso. El oírlas presumir conmigo hace que haga cualquier cosa por ustedes. Esas realidades básicas son ciertas en todos los hombres. Esa clase de bondad no es desafiante ni amenazante; cualquier hombre responde bien a la afirmación personal. ¡Hasta Dios responde a la alabanza! No es manipular el saber esto. Es manipular cuando sólo se alaba para ganar influencia, en lugar de que esa alabanza surja de un corazón sincero que aprecia el cálido amor de un Dios que da.

Mientras que la respuesta sea «no», uno debe saber cuán lejos puede llegar. Durante la etapa de la niñez, ustedes sabían cuándo no era el momento para presentar un asunto. Aprendieron instintivamente cuándo yo estaba irritable. De alguna forma sus ojos observadores apreciaban una arruga en mi ceño y podían decirle a su madre: «Papá está cansado; hablaremos después. Ahora debe descansar.» Eso las ayuda a entender las complejidades de nuestro género. Las ayuda a familiarizarse con la resolución de problemas con el sexo opuesto. También las ayuda a no sentirse ofendidas por una diferencia de opinión.

Las mujeres que no aprendieron a reconocer ese momento de Papá cuando estaban creciendo, estarán mucho más predispuestas a juzgar una desavenencia como un dilema terminal e insuperable, porque no están familiarizadas con la diferencia en el patrón de pensamiento de hombres y mujeres. La respuesta negativa a una petición no significa que ustedes sean rechazadas; sólo lo es su idea.

Esto es de incalculable valor en la preparación para su vida posterior. Es importante que tengan un punto de referencia para la paternidad. Eso le quita la mística a la masculinidad. Con frecuencia nos intimida lo que no podemos entender. Ese tipo de intimidación puede llevarlos a la muerte de toda una relación. Es la falta de la habilidad de negociar lo que destruye el potencial de las relaciones a largo plazo. Hasta en su vida de oración se podrán relacionar mejor con su Padre celestial si asumen que un «no» a su petición no disminuye el compromiso de Él para con ustedes, o el afecto que les tiene.

Cuando entendemos algo, entonces no le tenemos miedo. Algunas mujeres vienen de ambientes de abuso. Fueron víctimas o testigos de situaciones de abuso. Si no son ministradas, esas mujeres pueden quedar con un sentimiento de desconfianza en lo que se refiere a los hombres. Aunque muchas no hayan dejado de sentirse atraídas hacia ellos, aún tienen una desconfianza básica hacia quienes se sienten atraídas. A veces se quedan luchando con temor o con rabia suprimida. Parecen celosas, pero no es tanto que lo sean como que están atormentadas por el miedo. Pueden parecer argumentadoras e irritables. Ellas temen el rechazo y el dolor. Le tienen miedo a la pérdida y la desilusión. Temen que la historia se repita.

Mi madre solía decir que un niño que se ha quemado le teme al fuego. Su ejemplo se puede aplicar porque tememos las cosas del pasado que asociamos con la incomodidad y el dolor. Eso impide que seamos sanos y confiados. Cuando consideramos que el ser sanados o aliviados de un trauma es una necesidad, será un don de Dios el vivir como si lo que ha pasado no hubiera pasado. Dios nos da la gracia no sólo para superar las cosas que enfrentamos sino para superar los efectos de las mismas.

El enemigo no quiere que esas mujeres sean capaces de ir a su Padre celestial y ser sanadas, porque entonces vivirán como si el trauma nunca hubiera ocurrido. Por lo tanto, hasta cuando trata de acercarse a Dios, el enemigo las hace sentirse incómodas al arrodillarse a decir: «Padre nuestro.» Ese término, Padre, no les da el mismo consuelo que a otras. Ellas están atormentadas por un recuerdo. Están luchando con un recelo que frustra su fe y destruye su confianza.

Dicen «Padre nuestro.» ¿Qué es eso? Para ellas, un padre puede ser alguien que se fue y nunca regresó. Para algunas un padre es alguien cuyas manos se quedaron demasiado tiempo sobre la suave piel dentro de sus piernas —un padre que le mintió a su madre y traicionó la confianza de su familia. Para ellas un padre puede ser alguien cuyo cinturón y cuyas palabras de ira llenaban la casa de terror. Cuando oyen la palabra padre, huelen a licor; oyen respiración pesada y conversación farfullada. Oyen gruñidos y recuerdan inquisiciones y secretos. Recuerdan sonrisas secretas y miradas lascivas secretas sobre la mesa de comer, mientras su madre estaba mirando en otra dirección. No sienten proximidad y no tienen confianza. Sólo tienen miedo.

Ellas asocian el problema con el género más que con la persona que infligió el dolor. Sienten que todos los hombres son iguales. Este es un prejuicio contra el que nunca hemos trabajado debidamente. No hay leyes contra este prejuicio. Sin embargo, muchos hogares están siendo destruidos por los preconceptos y prejuicios, cuando las personas abusadas y maltratadas han sobrevivido a una herida, pero han quedado con cicatrices y con una definición estereotipada de lo que son los hombres. Muchos esposos buenos han perdido la mujer que amaban por los recuerdos que la han atormentado toda la vida. Ella no podía confiar en él o en nadie que se pareciera al que la había lastimado. ¡Es una mujer a la que Dios quiere liberar! Él quiere eximirla para que pueda ser libre para amarse a sí misma, a su esposo, a su vida y hasta a su Dios.

Su temor a un padre puede estar impidiendo que crea en la Palabra de Dios para su bendición, sanidad o milagro. Ella necesita saber que puede confiar en Dios. Ella dirá que confía en Él, pero bajo presión sigue reteniendo lo que acaba de entregarle. Tendrá la tendencia a ser tirana y hasta dictatorial.

Muchos no entienden esa dominación y piensan que es arrogante o difícil de complacer. Sin embargo, en muchos casos se debe a que teme contar con alguien que no sea ella misma.

Podrá decirte: «Si yo no lo hago, quedará sin hacerse.» Es confiada en sí misma y autosuficiente y, peor aun, se consume a sí misma. La autoconfianza no es un rasgo malo, a menos que enajene a otras personas que Dios ha enviado a su vida para ser de bendición. Si no tiene cuidado, hasta infectará a su hija con esa miserable soledad y el mismo espíritu de desconfianza. No se da cuenta de que está pasando su disfunción a la siguiente generación. Está llena de amargura y encuentra difícil olvidar el dolor.

¿Qué puede hacer? Ella ha clamado, ha orado; se encuentra yaciendo en el suelo como un ave cuya ala quebrada le impide volar como debiera. Canta su canción desde el suelo; su imposibilitado aleteo surge como berrinches, cambios de humor, conducta adictiva o aventuras compulsivas. Se siente miserable. Está atrapada. Envejece y se torna más débil, sin volverse más sabia. Inmersa en un desvío del tiempo, revive los problemas de la niñez en un cuerpo de mujer. Se encuentra atrapada entre las edades y etapas de la vida —demasiado mujer para ser una niña, pero demasiado niña para ser una mujer. La niña en ella ha aprisionado a la mujer. Cuando no hay nadie cerca, la niña en ella vierte lágrimas, lágrimas silenciosas que resbalan por mejillas maquilladas, lágrimas cuyo descenso no es visto porque todos los que podrían consolarla han sido alejados.

Ustedes preguntarán: «¿Qué se puede hacer? ¿Cómo puede librarse?» Bueno, lo primero que necesita es separar el problema del género. Debe entender que no todos los hombres son iguales. Aislar el problema trae sanidad. Cuando aísla el problema lo pone en cuarentena y le prohibe que infecte todas las áreas de su vida. Impide que el enemigo lo utilice para robarle los buenos momentos del presente por culpa de los malos ratos pasados. ¡Al igual que un cáncer, debe ser aislado y eliminado!

Segundo, debe permitir que el amor de Dios traspase el dolor. Debe ser el amor de Dios primero, no el del hombre, porque el amor de Dios es el único suficientemente perfecto como para pasar su estricta prueba. Su amor es perfecto y echará fuera el temor (1 Juan 4.18). Su amor restaurará la oportunidad de que la niña que hay en ella tenga una relación amorosa con un Padre que no fallará. El amor es el don que Dios da contra el dolor. Ella puede venir ahora mismo y apoyar su cabeza en el fuerte pecho de Él y ser sanada. No hay vejamen en Dios; Él no abusará de ella. Puede confiar. Es con Él que aprende a desatar el amor que ha encerrado.

Pero no debe detenerse en Dios. Cuando esté sana será capaz de amar a otros, aun otros que sean imperfectos y tengan defectos, sin tener recuerdos y asociar el ayer con el hoy. Debido a la totalidad de su relación con Jesús, podrá volver a ganar el coraje para experimentar el amor y la vida con otros. Es una experiencia de «nacer de nuevo». Es la libertad. Es Dios criando a una mujer que está luchando con problemas de una niña pequeña. Es una oportunidad de hacerlo todo de nuevo, y esta vez hacerlo bien.

De los manantiales de su relación con su Padre celestial, podrá remendar las brechas y reparar los daños que han causado que se desarrolle cierto grado de disfunción en sus relaciones naturales. La integridad que es reconstruida a través de su relación con el Padre la ayudará a entender, apreciar y desarrollar un espacio de comodidad con los hombres. Además de tener un punto de referencia que dispersa la mística de la personalidad masculina, también tendrá un espacio de comodidad en la oración, la cual será menos escéptica y más llena de fe.

Una de las cosas más grandes que se nos conceden como cristianos es la oportunidad de recibir restauración en nuestras debilidades. ¡Gracias a Dios que tenemos un Señor que puede sentirse tocado por el sentimiento de nuestras debilidades! (Hebreos 4.15). Él es capaz de ministrar nuestro vacío. Este ministerio nos lleva a la integridad. A su vez, esa integridad hace posible que vivamos como si el quebrantamiento nunca hubiera ocurrido. Somos como vasija desfigurada que está en las manos del alfarero. Él es un maestro que vuelve a moldear el daño que ha ocurrido en el transcurso de la vida.

Las desafío a que resistan la tentación de vivir en un vacío al desarrollarse como mujeres. Cuando se encuentren con mujeres cuyo pasado quebrantado las haga tener sospechas del género masculino en general, recuérdenles que la integridad nos permite amar lo imperfecto. Debemos tener cuidado de no predicar una esperanza falsa: la idea de que hay hombres perfectos en los que podemos confiar, quienes no nos desilusionarán. Esto no es cierto ni realista. Ni tampoco es cierto que aquellas mujeres que lo demandan puedan vivir de acuerdo a esas normas. Es un truco que usa el enemigo para impedir que disfruten la vida. Es una expectativa muy elevada que es ficticia; no existe. La gente falla. Los hombres fallan. Las mujeres fallan. Los niños fallan. ¡Pero, gracias a Dios, Él nunca falla!

Su inagotable amor, cuando nos es graciosamente concedido, nos permite amar lo imperfecto. Cuando Él nos ama nos damos cuenta de que lo hace a pesar de lo que sabe de nosotros. ¡Qué sanidad! ¡Qué lección nos enseña cuando nos ama a pesar de nuestras fallas y desprolijidades! El verdadero desafío es recibir su amor y aprender a ser lo suficientemente seguros para imitarlo en nuestras relaciones. Sin eso, tendremos increíbles estándares pero ninguna compañía. Las murallas que construimos para protegernos, en realidad nos aprisionarán, y el tiempo escapará como la arena cayendo en un reloj de arena.

Mis queridas hijas, recuerden que Dios les permite experimentar un nivel de fe que hace que sea un gozo estar con ustedes. Él las sana al punto de que no tendrán necesidad de vivir en un vacío. Las lleva al punto en que pueden estar libres hasta de los quebrantados inicios. Así que, díganles a todas las mujeres que conozcan, que aun si sus comienzos fueron menos de lo que esperaban, Dios sana. Díganles que aun si no tuvieron una imagen paterna —o, de haber tenido, fue pervertida— Cristo hace posible redefinir lo que significa tener un padre. Él puede ayudarlas en su búsqueda por entender el corazón masculino.

Algunas de las damas que encuentren habrán pasado toda su vida en la promiscuidad. Siempre habrán sufrido de poca autoestima. Estarán tan hambrientas de atención masculina que la aceptarán por hora, por noche, o por un fin de semana. Necesitan conocer que una verdadera relación con Dios sanará el vacío. Y entonces, cuando estén listas para entrar en una relación con un hombre, será por la razón correcta y no por esa sed insaciable de atención y afirmación que causa que las relaciones se destruyan.

Les escribo como un padre que es imperfecto y fragmentado, pero que, sin embargo, está enamorado de tres generaciones de feminidad. Hijas mías, desde su abuela y su madre, hasta ustedes, yo las amo. Cada edad y cada relación es un espectro diferente en un hermoso montaje de color y vida.

Los hombres solo son humanos y están llenos de defectos. He tratado de darles todo; y fallaré. Estoy hecho de arcilla. Cuando me equivoque, no culpen a otro sino vayan a Dios, quien compensa las diferencias en la vida y balancea los libros para aquellos que creen en su nombre. Él es quien da gracia al humilde (Santiago 4.6). Es la palabra de ánimo que se les da a todas aquellas niñas que fueron olvidadas por sus padres y que sufrieron maltratos en la vida. Es la fuerza que da estabilidad a lo que de otra manera hubiese sido una circunstancia injusta. Es el Padre que nunca tuvieron —el perfeccionador de aquellos progenitores cuyo amor o juicio falló.

Cuando encuentren a esas mujeres a su alrededor, cuyo vacío pervierte su plenitud y opaca sus éxitos, solamente háblenles de la perfección del amor de Dios. Cuando ellas conozcan el amor de Él, quizás entonces también sus hijas podrán amarse a sí mismas.

El poder amar es un don maravilloso. Sin eso la vida se reduce a una existencia llena de días grises y a una colección hueca de trofeos llenos de polvo, sin ojos que los vean ni manos que los limpien. El estar solo no es una tragedia; lo es el estar vacío y amargado, ser escéptico y cínico. La tragedia es cuando Dios ha provisto alguien que ame a esas mujeres y ellas, inadvertida e imprudentemente, lo alejan. Su amargura se vuelve su única compañía. No quiero eso para ustedes. Estoy escribiendo con todo el juicio que he recogido a través de lo que Dios me ha mostrado y todo lo que he concluido. Unidos y en concierto, declaramos: ¡Resistan a toda costa!

Es mi oración que ustedes estén balanceadas. Es estar completas. Es resistir a la tentación de ser obsesivas o irse a los extremos. El estar balanceadas es resistir la tentación de emborracharse o quedar bajo la influencia de un intoxicante, ya sea que ese intoxicante sea una droga o una desilusión. La sobriedad es un don de Dios; fortalece el discernimiento y las hace ser más capaces para sostener el curso y frenar sus manos.

Ustedes, mis hijas, son fuertes, tienen talento y están bendecidas —bendecidas desde el vientre de su madre. Fueron un regalo nacido por la voluntad y el mandato de Dios. Están dotadas de dones y talentos que nunca serán duplicados y que no pueden ser imitados con éxito. Ustedes son imponentes. Respiren la vida y tómenla en sus manos. Transformen su curso, sostengan firme su mente y traten de alcanzar las estrellas —todas las cosas son posibles para quienes pueden creer. Ustedes no están limitadas por su pasado. Solamente serán limitadas por las cargas que se rehusen a soltar. Déjenlas ir y estiren su mano para alcanzar las estrellas.

«Por tanto, nosotros también, teniendo en derredor nuestro tan grande nube de testigos, despojémonos de todo peso y del pecado que nos asedia, y corramos con paciencia la carrera que tenemos por delante.»

—Hebreos 12.1

Eso es lo que deben hacer, hijas: dejar de lado todo obstáculo y correr. ¡Alcáncenlo! Mantengan alta su cabeza; llenen sus pulmones de aire y corran. Quiero asegurarles que el premio siempre se encuentra delante de nosotros y nunca queda atrás. Muchas personas creen que sus mejores días ya pasaron, pero eso no es cierto. Están atrofiados por una visión paralizada y por expectativas estancadas. No importa cuáles hayan sido los logros, gozos y momentos maravillosos del pasado, aún quedan oportunidades frescas. La vida tiene muchos premios que ustedes podrán recibir si estiran sus piernas y mantienen su visión. Recuerden mantener el pasado detrás de ustedes y el futuro en frente suyo. Quiero asegurarles que no podrán ir hacia el frente si se mantienen mirando hacia atrás.

CAPÍTULO CINCO

EL DERECHO A ELEGIR

Siempre he querido que ustedes supieran lo valiosas que son. Una de las formas en que traté de reforzar esa idea fue respetándolas mientras las criaba. Ni su madre ni yo teníamos la práctica de decir cosas dolorosas que socavaran su autoestima. Creo que se puede corregir a un niño sin mutilar su autoimagen. No tengo por qué atacar lo que son, buscando corregir lo que hicieron. Quiero que se acostumbren a ser tratadas de buena forma.

En especial, quiero que asocien a los hombres con el buen trato. Y que por ello, cuando encuentren uno que no las trate bien, les sea tan ajeno que lo encuentren repulsivo. Si el abuso no se detiene, se reproducirá en las relaciones futuras. Sé, por mis años de pastorear, que la mayoría de las víctimas de abuso luchan con baja autoestima. Desafortunadamente, eligen rodearse de tipos de personalidad conocidos. Les serán familiares, aunque con frecuencia crueles y ofensivos.

Siempre me ha parecido extraño que algunas víctimas eviten el buen tratamiento. Parecen desconfiar de las personas que las admiran y se sienten más cómodas con las que las critican.

No es porque disfruten el ser criticadas. Simplemente es que la crítica les resulta familiar y encuentran que los insultos son creíbles. Pueden pensar: «¿Cómo va a amarme alguien como él dice que lo hace? ¡No confío en él!» Así que la persona que no las elogia sino que constantemente señala sus deficiencias, les parece más realista.

En resumen, quiero que tengan cuidado de a qué se acostumbran. Si no tienen cuidado, pueden acostumbrarse a las cosas negativas, a cosas que el Padre nunca quiso que tuvieran, como el dolor o el abuso. Algunas personas se han acostumbrado a la pobreza. Otras se han acostumbrado a pelear. Se sienten bien con el dolor; se brindan a él porque lo entienden.

Hijas mías, si inadvertidamente ustedes han adquirido alguna de esas características, renuncien ahora mismo a ellas en el nombre de Jesús. Ustedes pueden cambiar de forma de pensar. Cuando yo era niño me enseñaron que era prerrogativa de las mujeres el cambiar de opinión. Si se han acostumbrado a algo de lo que deberían deshacerse, quiero que se detengan en lo que están haciendo y cambien de forma de pensar. Sé que no es fácil, pero es necesario. Las ayudará inmensamente el hablarse a sí mismas diciendo: «¡Yo valgo más que esto!» No tienen que cambiar la forma de pensar de la otra persona. Sólo necesitan cambiar la propia.

> «No os conforméis a este siglo, sino transformaos por medio de la renovación de vuestro entendimiento, para que comprobéis cuál sea la buena voluntad de Dios, agradable y perfecta.»
>
> —Romanos 12.2

Algunas mujeres se han puesto como meta para sus vidas ganarse el favor de alguien, cosa que quizá nunca puedan obtener. O han pasado años tratando de cambiar la forma de pensar de alguien que tal vez nunca cambie. Se enojarán y le presentarán un ultimátum al hombre. Le dirán: «¡Decide a quién quieres; a ella o a mí!» Están pidiéndole a él que decida algo que ellas deberían decidir. La victoria real surge cuando cambian su forma de pensar. El poder de la elección es un gran poder. Tengan cuidado en no cederlo. Es su derecho el elegir cómo quieren vivir. Hasta Dios respeta ese derecho. Él les da el derecho de elegir.

> «A los cielos y a la tierra llamo por testigos hoy contra vosotros, que os he puesto delante la vida y la muerte, la bendición y la maldición; escoge, pues, la vida, para que vivas tú y tu descendencia».
> —DEUTERONOMIO 30.19

En lugar de preguntarle al abusador si ya ha tenido suficiente, pregúntense ustedes mismas si ya han tenido suficiente. Esa es siempre la gran pregunta. Otros tal vez no se cansen de abusarlas. Si ustedes han juzgado dentro de sí mismas que el abuso no es la voluntad de Dios para ustedes, ¿por qué le están pidiendo a otro que elija? La gran pregunta es: «¿Quieres tú, como hija del Rey, vivir en esta circunstancia?» Dios puede cambiar el corazón de la otra persona y muchas mujeres han sobrevivido para ver suceder ese maravilloso milagro. Hay otras cuyas vidas se han consumido en un ataque de ira de alguien que se rehusó a mejorar. Esos son los desafíos y las elecciones de la vida. La decisión siempre será de ustedes. Si alguna vez se enfrentan a ella, tómenla sabiamente. Un padre no puede tomar esas decisiones por ustedes, pero espero que la oración les haya infundido suficiente carácter para confiar en que el Cristo que vive en ustedes les dará el poder cuando crezcan. Sólo recuerden no pedirle nunca a otro que responda sus propias preguntas.

Dios es demasiado sabio como para dejar que su liberación se base en la opinión de otro. Él les hablará. Cuando estaba sanando al enfermo, Jesús dijo: «Conforme a vuestra fe os sea hecho» (Mateo 9.29). Básicamente, lo que está diciendo es que depende de ustedes. Queridas hijas, ¿recuerdan El mago de Oz? Dorothy corría por el camino amarillo buscando que alguien la ayudará a llegar a casa. Se encontró con la desilusión cuando se dio cuenta de que el Mago de Oz no era quién ella creía y que aún estaba perdida.

Para mí, la mejor parte de esa historia fue cuando la pequeña finalmente se dio cuenta de que lo único que tenía que hacer era juntar sus talones y entonces podría volver a su casa en el momento en que quisiera. Si lo recuerdan bien, ella quedo conmocionada porque creía que necesitaba que otra persona la ayudara a volver a su casa. Finalmente se dio cuenta de que hubiera podido hacerlo cada vez que quisiera. ¡Ella había tenido el poder todo el tiempo! Eso es lo que estoy diciendo. Ustedes tienen el poder por la abundante gracia de Dios. No lo pierdan ni lo olviden. Podrán cambiar su situación en cuanto estén listas para hacerlo.

¿No ven que no tienen que pasarse la vida en la búsqueda de alguien que las ayude? Cuando tienes a Cristo, Él es toda la ayuda que necesitas. Ha estado allí todo el tiempo. Nunca olviden volverse a Él, ni dejen que alguien ocupe el lugar que a le pertenece. Si lo hacen, siempre quedarán desilusionadas. Él es quien les da el poder de cambiar. Teniéndolo al lado de ustedes, siempre sobrevivirán. Ustedes tienen poder por la presencia de Dios.

El sentimiento de impotencia puede ser deprimente y crear hábitos de pecado. Puede causar que se hundan en su moral y carácter porque se sienten aprisionadas. Se asombrarían de saber la cantidad de personas que han decidido que no tienen opciones o ventanas en su vida. Se han enterrado a sí mismas con la culpa. Se han embalsamado con los lamentos; existen en un estado de descomposición constante.

Las verán en el trabajo, por la calle, y hasta las encontrarán en la iglesia. Sus uñas pintadas están apretando teclas en frente de la computadora. Están vestidas con batas de médico o vestidas de ejecutivas, pero están muertas. Esas serán las mujeres que se encontrarán con labios sonrientes pero ojos vacíos. El fulgor se ha ido de sus mejillas. Las campanas ya no suenan en su voz. Son maniquíes, aprisionadas en el escenario de la vida. Están todas arregladas sin ir a ninguna parte. Han arrullado su fe para que se duerma en la cuna de la depresión y están cosechando las amargas recompensas del pensamiento negativo.

Escúchenme hoy: ustedes no están aprisionadas; tienen poder. Tomen el control de sus circunstancias en el nombre de Jesús y levántense. Son hijas del Rey, y sin duda pueden levantarse por su poder. El saber esto las libertará.

Al igual que Dorothy, ustedes han tenido el poder todo el tiempo, aunque no lo supieran. Lo que el enemigo quiere robarles es el conocimiento de su libertad. Él no puede quitarles el poder de ser libres, por lo que trata de quitarles el conocimiento de su libertad. En verdad, él disfruta viéndolas atrapadas tras una puerta abierta. Allí donde están llorando, frustradas, atormentadas y temerosas. El hecho es que hace dos mil años que Dios abrió la puerta, y ustedes pueden salir por ella cuando lo deseen. ¡Sólo que no lo saben!

Con razón la Biblia dice: «¡Cuán hermosos son los pies de los que anuncian la paz, de los que anuncian buenas nuevas!» (Romanos 10.15). El predicarles no las libera, sólo les anuncia que son libres. Es una declaración de independencia. ¡Es la palabra de Dios que les muestra paso a paso cómo unir los

talones y alejarse del enemigo! ¡Únanlos ahora! Llevan demasiado tiempo en ese estado. Únanlos en el nombre de Jesús.
¡Eso es! Ustedes tienen el poder de alejarse del pasado y continuar con su vida. ¡Unan, unan, unan! Justo cuando el enemigo
crea que las atrapó, únanlos; ¡se escaparon!

El pasar del aprisionamiento al poder le lleva más tiempo
a unas personas que a otras. Y el haber tenido una afirmación buena y fuerte en la niñez ayuda. Pero aun si no la han
tenido, no deben limitar su futuro solamente por las carencias
del pasado. Cierren esos capítulos de su vida y escriban otros
nuevos. Ni aun las mujeres que fueron amadas, afirmadas y
fomentadas en su niñez están exentas de los desafíos. Algunas
veces todo lo que les fue provisto no llena el vacío en su vida.
Simplemente, no entró. Muchas veces nos es dado, y nosotros
fallamos en recibir lo que se nos ofrece. Sin importar la razón
por la que estén en ese estado, lo más importante es escapar.
Lea tuvo algunas batallas y no tuvo una fuerte afirmación en la
niñez, pero en medio de su disfunción, desarrolló una relación
funcional con Dios.

Su padre no la valoraba y sólo Dios sabe lo que le pasó a
su madre. ÉL la traicionó al usarla como premio de consola-
ción para Jacob (Génesis 29.17-23). Labán creía que ella era
de segunda clase y se deshizo de ella, dándosela a Jacob. Si él
hubiese sido un padre sabio, hubiera sabido que Lea estaba
dotada. No de la misma forma que su hermana, pero igualmente tenía dones. Su otra hija, Raquel, era hermosa. Lea no era lo
que tradicionalmente se llamaría hermosa, pero tenía fortaleza
y Dios quería usarla de una forma poderosa.

Hijas, solo porque no tengan los mismos dones que otra
persona, no significa que ustedes no estén dotadas. Dios nunca
hizo una criatura sin valor. Lea tenía valor, sólo que no era el
tipo de valor obvio para su padre. Se encontró enredada con

un esposo de la misma clase de hombre que su padre. Él no era muy bondadoso con ella, pero eso no era nada nuevo. De hecho, era algo familiar. Casi como un imán atrae al metal, nosotros podemos atraer circunstancias similares en nuestra vida. Gracias a Dios, Él sabe como convertir lo negativo en positivo. Puede destetarlas de sus errores pasados.

Cuando pensamos en el término destetar lo relacionamos a la maternidad —y las madres destetan a sus hijos. Hasta las mamás animales destetan a sus cachorros. Pero quiero que sepan que el Padre también lo hace con sus hijos. Él nos desteta a través de las circunstancias de la vida. Nos desteta hasta que adquirimos la fuerza para tomar las decisiones apropiadas. Él sabe cómo llevarnos a un estado de seguridad en que cesemos de depender de otros y de sus afirmaciones.

El procedimiento del destete no es fácil. Muchas veces tendrán que ser destetadas en la carne por el poder de su Espíritu. Tendrán que permitir que el Santo Espíritu de Dios las controle, hasta el punto en que pueda ayudarlas a pasar por el proceso de ser separadas de algunas cosas y hábitos que no necesitan. Él puede nutrirlas en el mejor lugar queya ha preparado para ustedes.

Este proceso es doloroso, porque ustedes desean lo que quieren de la forma que están acostumbradas a obtenerlo. Se necesita gran fe para saber que pueden dejar lo que tenían y recibir algo mejor que lo experimentado anteriormente. Por favor, no limiten este concepto solamente a las personas. Puede ser un trabajo del que necesiten separarse. Puede ser una ciudad, un ministerio o una mala elección de carrera, una circunstancia limitante que haya puesto un alto en sus vidas. El Padre nos separa de lo que creíamos que debíamos de tener, para entonces poder darnos lo que Él tiene para nosotros. Sus planes son mucho mejores que los nuestros, y vale la pena el dolor de hacer el cambio.

> «Sino que se les escriba que se aparten de las conta-
> minaciones de los ídolos, de fornicación, de ahogado
> y de sangre.»
>
> —Hechos 15.20

Lea empieza dando a luz bebés para impresionar a alguien que no está impresionado con ella. Es bendecida, pero no lo disfruta; sólo está utilizando la bendición para atraer la atención de alguien que se ha convertido en un ídolo en su vida. Pequeñas mías, tengan cuidado y absténganse de los ídolos. Hechos 15.20 nos recuerda que el Antiguo Testamento prohibía a los santos de antes hasta comer carnes que les fueran ofrecidas a los ídolos. No se consideraba limpia.

En la época moderna pensamos que los ídolos y sus ofrecimientos son obsoletos, pero ¡eso no es cierto! En la actualidad los ídolos se han disfrazado. Están camuflados y adornados en conceptos e ideas socialmente aceptables. Desvistámoslos y expongamos su peligro. Los ídolos son las cosas que uno adora, a las que se les entregan las fuerzas. Son dioses falsos.

¡Oh, no sean esquivas! La mayoría no tenemos santuarios físicos en nuestras casas, ni imágenes talladas ante las cuales inclinarnos. Pero aún así muchos cristianos están viviendo por —y sirviendo a— cosas que son dioses falsos, dedicando su atención, energía y esfuerzos a esas imágenes indignas. ¿No se dan cuenta de que las cosas pueden ser adoradas al prestárseles demasiada atención? Se las adora al dedicar la vida a impresionarlas. Se las adora al permitir que su opinión determine nuestra autoestima o valor propio. Eso es un ídolo.

Ustedes han derramado lágrimas por ello. Han dado a luz bendiciones que no han disfrutado tal vez por hacer algo correcto por razones incorrectas. Eso es lo que hizo Lea. Ella tuvo hijos por la razón incorrecta. Estaba tratando de ganar a Jacob con sus éxitos, en lugar de agradecerle a Dios el que le hubiera dado un área de triunfo para balancear los muchos fracasos. ¡Con frecuencia, Dios nos da éxitos para balancear la amargura de los fracasos! Lea se perdió la verdadera experiencia con Dios, un tiempo de agradecimiento y comunión, porque su fortaleza fue agotada por la idolatría.

> «Y vio Jehová que Lea era menospreciada, y le dio hijos; pero Raquel era estéril. Y concibió Lea, y dio a luz un hijo, y llamó su nombre Rubén, porque dijo: Ha mirado Jehová mi aflicción; ahora, por tanto, me amará mi marido. Concibió otra vez, y dio a luz un hijo, y dijo: Por cuanto oyó Jehová que yo era menospreciada, me ha dado también éste. Y llamó su nombre Simeón. Y concibió otra vez, y dio a luz un hijo, y dijo: Ahora esta vez se unirá mi marido conmigo, porque le he dado a luz tres hijos; por tanto, llamó su nombre Leví. Concibió otra vez, y dio a luz un hijo, y dijo: Esta vez alabaré a Jehová; por esto llamó su nombre Judá; y dejó de dar a luz.»
>
> —GÉNESIS 29.31-35

Finalmente, después de una serie de nacimientos —tres, para ser exactos— llega a la etapa del destete. Ha alcanzado un grado de madurez, aunque tendrá que luchar de nuevo en esta área. El ganar el amor de Jacob siempre será un área vulnerable para ella. Ahora ha dirigido su atención al Dador de vida y al Sanador de corazones. Hasta cierto punto, esos tres hijos que nacieron primero fueron ofrecidos en el altar del corazón quebrantado de su madre. Ellos fueron el ofrecimiento que Lea le daba al ídolo que ella no podía rechazar, dentro de su propia vida deteriorada.

Después de eso, da a luz a Judá. Es el cuarto hijo, el que viene después del tercero. Siendo el tres el número de la resurrección, ella ha sido resucitada y lo testifica en el versículo 35: «Esta vez alabaré a Jehová.» Judá significa «alabanza». ¡No puedes alabar y honrar a Dios por lo que Él te ha dado, hasta haber sido separados de los ídolos por los que has vivido en el pasado!

Ahora, ¿podemos confrontar al Jacob en las vidas de ustedes? ¿Hay un ídolo, algo en sus vidas que les haya robado la atención y las emocione del Dios que continúa bendiciéndolas? ¿Se han perdido el dulce sabor del favor de Dios porque tomaron los éxitos que Él les dio y los hicieron desfilar ante otros, cuyas mentes querían cambiar? ¿Han hecho ídolos de un lugar, una cosa, un trabajo, una escuela, o algún otro dios que haya robado su interés y una gran parte de su energía? Si es así, no se avergüencen; todos lo hemos hecho. Pero pocos han tenido el coraje de confrontar sus ídolos. Los esconden bajo mantas y los llevan con ellos.

¿Hay algún área en sus vidas hacia la que el Espíritu Santo les haya llamado la atención al leer esto? ¿Hay algún área o asunto que ustedes hayan permitido que se convirtiera en un ídolo? Puede ser un ex marido o una rivalidad fraternal que llevan desde la infancia. ¡Puede ser el resultado de palabras ardientes y dolorosas, las cuales escaldaron su corazón y las dejaron con ampollas por dentro!

Esta puede ser un área que Dios necesita sanar en sus vidas. Me uno a ustedes en fe, oración y quebranto al espíritu de idolatría que hay en sus vidas. ¡Vivirán para el Señor y para nadie más! Concuerdo con ustedes en oración para que Dios, en su misericordia, les restaure el gozo de su salvación. «Señor, restaura en tu hija el gozo de tenerte, el gozo de tener paz interna. Reprendo al espíritu que la impele y la atormenta, robándole momentos preciosos. En el nombre de Jesús: ¡aléjate!»

Si se han estado sintiendo como si las fueran llevando y no dirigiendo, si se han sentido obligadas por alguna necesidad a probar algo o a validarse a sí mismas, deténganlo ahora. Si son cristianas, fueron validadas hace dos mil años. Nuestro Padre nos libertó en la cruz del Calvario. No deben ser llevadas o dirigidas, controladas o dominadas, por ninguna persona o meta, ni siquiera por su propia carne. Él murió para libertarlas.

Recuerdo haber aconsejado a una joven que era terca e impulsiva. Estaba pasando por momentos terribles tratando de aceptar algunas de las enseñanzas de la Biblia, respecto a la sumisión en lo que se refiere al matrimonio. Ella estaba comprometida y quería estar segura de poner en claro ciertos reglamentos a su esposo. Temía ser maltratada e infeliz.

Le preocupaba la palabra obedecer en la ceremonia del matrimonio. Le dije que sacar las palabras de la ceremonia es mucho más fácil que sacarlas de la Palabra de Dios. Aun si las sacáramos de la ceremonia —lo cual yo no haría—, no podemos sacarlas de la Palabra de Dios.

> «Las casadas estén sujetas a sus propios maridos, como al Señor; porque el marido es cabeza de la mujer, así como Cristo es cabeza de la iglesia, la cual es su cuerpo, y él es su Salvador. Así que, como la iglesia está sujeta a Cristo, así también las casadas lo estén a sus maridos en todo.»
>
> —Efesios 5.22-24

Por supuesto, la Biblia equilibra su enseñanza sobre la sumisión al decirle a los hombres: «Maridos, amad a vuestras mujeres, así como Cristo amó a la iglesia» (v. 25). De todas formas, ella estaba molesta y enfurecida conmigo.

Tranquilamente, le explique que la Biblia solo está dando las pautas.

Ella se quejó:

—¡No es justo! ¡El hombre tiene todos los derechos!

Contesté:

—No; eso no es cierto. La razón por la que la Biblia describe las cualidades del hombre es también porque Dios le ha dado a la mujer el primer derecho del matrimonio.

Ella dijo:

—¿Qué derecho es ese?

Le respondí:

—El derecho de elegir.

Si ustedes pierden ese derecho, son necias. Tienen el derecho de elegir el tipo de hombre al cual desean sujetarse. ¡Pobre de la mujer que no haya sido sanada, y le dé el sí a un hombre porque su comportamiento le sea familiar y no el bíblico! Ustedes querrán el tipo de hombre que Dios aprueba; no solamente un buen hombre. No; él no es Dios, pero el deberá ser la clase de hombre que haya decidido amarlas como Dios dice que debe hacerlo. Ustedes, como respuesta a esa elección, deberán honrarlo y no vivir en rebeldía y contención.

Al cerrar este capítulo, y corriendo el riesgo de sonar como un padre excesivamente protector, quiero advertirles que tengan cuidado en qué y a quién eligen. Quiero prevenirlas en contra de basar una decisión permanente en un sentimiento temporal. No escojan por lujuria. No elijan por fama y fortuna. No prefieran por la notoriedad. Todas esas cosas desaparecen.

Si se van a casar, elijan el tipo de hombre que Dios aprueba. Y no escojan servir a un hombre como rey si él no las ha honrado como reinas. ¡Ustedes siempre serán las pequeñas de Papá, pero deben ser las reinas de su marido!

CAPÍTULO SEIS

Hijas, maternidad
y más allá

Sé que se han estado preguntando cuándo se los daría. Bien, aquí está. Este es el consejo que los padres les dan a sus hijas. Es el tipo de inversión de la que ustedes recibirán dividendos en otra etapa de sus existencias. Tal vez no las prepare para los detalles de la vida, pero sí las fortalecerá para soportar los ataques generalizados que reciben la mayoría de las mujeres durante su vida diaria.

Es un consejo para las juiciosas, un pensamiento para las intelectuales y un bocado de comida reservado para una época en que quizás mis labios estén sellados y mis dedos inmóviles por el gran final que todos enfrentamos. Después de años de ministrar y aconsejar a damas cuyos corazones han sido quebrantados por los vientos cambiantes de las estaciones de la vida, pensé que debería dejar un grano de trigo que fuera compartido por quienes enfrentarán sus propios momentos de cambio y adversidad.

Es el tipo de consejo que un hombre de negocios pide a su corredor de inversiones. Esa inversión tal vez no pague en el momento, pero tómenla, guárdenla y esperen. Ella reunirá y acumulará intereses para el día en que más lo necesiten. Les lego el beneficio de mi experiencia e interés, extraído de los fragmentos de dolor que muchas han dejado en mi oficina después de consejería, oraciones y lágrimas. Les lego esta información en la esperanza de que estarán prevenidas y, por consiguiente, preparadas contra la conspiración y los planes del enemigo, quien siempre está planeando nuestra muerte.

Cambios, cambios y más cambios

«Será exaltado Jehová, el cual mora en las alturas; llenó a Sión de juicio y de justicia. Y reinarán en tus tiempos la sabiduría y la ciencia, y abundancia de salvación; el temor de Jehová será su tesoro.»

—Isaías 33.5-6

La vida traerá muchos cambios. Para cuando se hayan acostumbrado a la escuela, se encontrarán con la universidad. Para cuando hayan aprendido a ignorar las constantes distracciones impuestas por los estudiantes, invitándolas a participar en su tipo especial de locura, será el momento de graduarse.

Si escogen el sendero que lleva al matrimonio, de repente se encontrarán siendo esposas. El significado de eso varía, según la elección del marido. Ustedes escribirán su propia definición del matrimonio cuando elijan a su compañero. Les advierto que seleccionen sabiamente. Aun si sobreviven una mala decisión, el fruto del error afectará grandemente su sentido de bienestar y autoestima. No permitan que la soledad de la juventud las tiente a caer en la futilidad de seleccionar a alguien cuya madurez esté fragmentada y su compromiso fracturado. Les puedo asegurar que el matrimonio es para mujeres y hombres maduros. No es malo ser un niño. Pero está mal que los niños jueguen los juegos de los adultos.

Lo que estoy tratando de decirles es que la vida tiene un segundo nombre, y ese nombre es cambio. Para que puedan prosperar en la vida, deben tener suficiente «liquidez» como para fluir con el cambio. Las mujeres rígidas e inflexibles son quebrantadas y destruidas, porque fallan en desarrollar elasticidad al cambio. Es una gran bendición el entender que la vida está llena de cambios. El cambio es inevitable; todo lo que crece cambia. Esas son las estaciones de la vida. Su belleza cambiará. Tal vez no disminuya, pero ciertamente se alterará. Pero, ¿qué es la belleza en realidad? No es la opinión de alguien que no pueda ver más allá de los cosméticos. La definición de belleza varía de persona en persona. ¿Qué dicen ustedes?

Si son como su madre, también tendrán hijos. Cuando los tengan, abrácenlos, ámenlos, cuídenlos, facúltenlos. Pero entiendan que son solo administradoras temporales. Ellos le pertenecen a Dios. Crecerán y se irán; no fueron hechos para que nos adhiramos a ellos como si se pudiera congelar el momento. No; los momentos no se pueden congelar, aunque sí se nos permite conservar los recuerdos. Si son buenas madres, conservarán los recuerdos y soltarán al niño. Si no pueden hacer eso, destruirán los recuerdos al corromper la relación entre ustedes y el pequeño, cuyo desarrollo ha crecido más que la cáscara de los padres.

Quiero dedicarle tiempo a esto porque muchas mujeres casi llegan a perder la relación con sus hijos. Se sienten traicionadas por el crecimiento del niño al que entrenaron. Han capacitado a los niños para ser productivos, pero fallan en prepararse ellas mismas para ese crecimiento, y no solo el crecimiento del cuerpo, sino también el de la persona, el desarrollo de personalidades y preferencias. Sienten que sus hijos son beligerantes, cuando en verdad muchos hijos solamente son independientes. Claro que hay hijos que crecen para volverse insensibles. Ruego que a ustedes no les toque la desilusión de esa experiencia. Pero hasta si su enseñanza va bien, habrá momentos en que vean a sus hijos deslizándose entre sus dedos como granos de arena. ¡Para muchas madres que una vez lucharon por separar a sus hijos de los tiernos pechos, posteriormente es un conflicto el desunir a la madre del hijo!

> «Pero Ana no subió, sino dijo a su marido: Yo no subiré hasta que el niño sea destetado, para que lo lleve y sea presentado delante de Jehová, y se quede allá para siempre.»
>
> —1 Samuel 1.22

El «dejar ir» es especialmente doloroso cuando permiten que la relación con su hijo sea desordenado, como un desván lleno de cosas que debieran estar en otro lugar. Con frecuencia hay pasiones fuera de lugar, depositadas en el niño para compensar la soledad de otras áreas. Debido a que no había otro lugar donde ponerlas, fueron empujadas al desván. Con frecuencia es un amor que debió ser invertido en un cónyuge, pero no había un esposo allí, o no tenía la capacidad de ser amado. Así que el amor fue volcado en el niño. Ese no es un amor saludable, es obsesivo.

Hay una gran diferencia entre el amor natural y el afecto por nuestros hijos, y una obsesión desmedida que se desarrolla para compensar el vacío en otras áreas. Finalmente, la madre sólo está postergando lo inevitable. Es una demora subconsciente que muchas madres usan para evitar desarrollar una saludable imagen propia. Ellas deben tener una causa. Deben ser mártires que den sus vidas por otro. Trágicamente, cuando el hijo se va, le parecerá que ha sido abandonada de nuevo. Esto, sencillamente, no es verdad; el hijo era un préstamo.

Tarde o temprano, cada buena madre debe entender que se le ha negado la propiedad; sólo se le ha concedido la mayordomía. Esto es muy importante. Uno de los momentos más delicados que enfrentarán como madres es el separarse de su hijo. Para algunas mujeres es menos difícil que para otras. Será más fácil si mantienen algún contacto con su propia persona, aparte del papel que juegan como madre de un niño. Si no, habrán perfeccionado un rol que llegará a un final.

No quiero que se queden con grandes cazuelas y sartenes colgando en la pared, las que no pueden usar porque aquellos a quienes alimentaban se han ido. Pero tampoco quiero que sean de esas madres cuya ira y hostilidad recae sobre un hijo que se va, frustrándolo cada vez más. La hostilidad que surge de esa madre con frecuencia es solo un escudo para el corazón quebrantado de una mujer, la cual se siente rechazada y traicionada por un hijo cuyo único crimen fue desarrollar una vida propia.

Mantengan el desván limpio. No le entreguen a sus hijos esa parte del corazón que no les corresponde. No viertan su dolor, frustración o su afecto en ellos de una forma más pródiga de lo que una buena madre debería verter. Si lo hacen, se encontrarán sobornando a sus hijos para que se queden con ustedes, y eso los mutilará.

Ustedes podrán decir: veo el problema, pero, ¿cuál es la respuesta? Me alegra que hayan preguntado. Necesitan desarrollar otros intereses. Es importante que no pierdan el sentido de su propia personalidad. No dejen de valorarse ustedes y sus necesidades. La Palabra de Dios no nos enseña a ser egoístas, pero nos amonesta a amar a otros como nos amamos nosotros mismos (Mateo 19.19). Si no tenemos una autoestima salu-dable, o no amamos a otros o lo hacemos para ignorarnos a nosotros mismos.

Mantengan su mente fresca y su espíritu tranquilo, con expectativas que vayan más allá de las metas que tengan para sus hijos. No podrán vivir sus vidas por segunda vez a través de sus hijos. Ellos tienen el derecho de aprender y crecer, fallar y sobrevivir al igual que ustedes lo hicieron. ¡Pueden guiarlos y ceñirlos, pero tengan cuidado de no volverse manipuladoras, que no pueden soltar una relación pasada porque las ha encon-trado en el punto de su necesidad personal!

> «E hizo voto, diciendo: Jehová de los ejércitos, si te dignares mirar a la aflicción de tu sierva, y te acorda-res de mí, y no te olvidares de tu sierva, sino que die-res a tu sierva un hijo varón, yo lo dedicaré a Jehová todos los días de su vida, y no pasará navaja sobre su cabeza.»
>
> — 1 Samuel 1.11

Ana cubre un prerrequisito, el cual es la base de una mater-nidad saludable. Entra en el convenio de la maternidad enten-diendo que lo de ella es una mayordomía. Prueba su fe en Dios, en su voluntad de devolver su hijo al Dios que se lo concedió. Es más fácil devolverlo si desde el principio se entiende que no son para retenerlos. No es imposible, en el medio de la vida, ejercer la fe y entregar sus hijos a Dios en años posteriores. Ustedes han depositado en ellos todo lo que han podido. Es lo único que pueden hacer. Entiendan que el mismo Dios que las protegió y las ayudó, puede ahora cuidarlos a ellos.

Hija, mi consejo para ti es que estés preparada para el cambio. Todo lo hará; las personas, las circunstancias y las situaciones. Y ayuda saber eso desde el principio. Escucha las palabras del himno que ayudó a tu padre a pasar a través de los tormentosos y tempestuosos cambios de la vida:

El tiempo está lleno de veloces transiciones;
nada puede permanecer sin moverse en la tierra.
Basa tus esperanzas en las cosas eternas,
y aférrate de la mano invariable de Dios.

No hay escape. Los firmes senos que un día fueron pequeñas protuberancias se distenderán con la crianza de los hijos y se reducirán años más tarde. Los ojos que ardían con amor ferviente se suavizarán y se alterarán con el tiempo. No quiero decir que el amor no dure; simplemente estoy sugiriendo que hasta el amor que sobrevive cambia en su expresión y en su manifestación. Sobrevive en diversas formas. Ustedes deben estar dispuestas a ver el cambio como algo positivo, y a explorar cada etapa como si Dios tuviera escondido un regalo para ustedes dentro de ella, porque Él lo hace. Él les mostrará los muchos esplendores de la vida si sus ojos no se adhieren solamente a un aspecto de su brillo.

Si una pareja permanece casada por cincuenta o sesenta años, no es porque el hombre vea a su esposa como si permaneciera igual que el día de la boda. Ella no se ve igual, ni él tampoco. Ellos no aman igual, no tocan igual. Les toma más tiempo hacer lo que hacían fácilmente. Están juntos como viajeros que exploran la experiencia de cada etapa. Bajo la piel arrugada y los ojos opacos, hay ascuas ardientes de sabiduría y experiencia. Ellos aún conocen el amor, pero lo expresan en forma cambiante. Al igual que en ellos, así es el cambio en su propia vida, ya sea la independencia de sus hijos, un nuevo trabajo o una mudanza.

Me he sentado tras de mi escritorio y sentido el temor surgir del corazón de mujeres cuya ira escondía, pobremente, las luchas que tenían con los tiempos cambiantes. Algunas eran muy espirituales, pero hasta eso puede convertirse en un manto de negación. Hay mujeres que se entierran en el cuidado de las necesidades de otros, para escapar al vacío de sus propias vidas. Cuando las personas a las que cuidan se van, ellas deben enfrentar el vacío manifiesto del cual se escondieron durante años.

Esas cosas no se confrontan fácilmente. Hay que tomar una gran dosis de honestidad para siquiera acercarse a aceptar que hemos convertido a una persona en un desván, para poner allí nuestra colección de afectos y atenciones mal emplazados. Es asombroso cómo el enemigo nos robará sutilmente las nuevas experiencias y la frescura que todos necesitamos. ¡Muchas personas están deprimidas y aburridas porque, cuando Dios se prepara a darnos nuevas experiencias, las rechazan y se aferran a lo que es familiar, aunque no sea emocionante!

Hijas mías, mi consejo para ustedes es que nunca olviden cómo dejar ir. Algunas veces serán personas; a veces serán cosas; a veces será dejar ir un momento que nunca podrán repetir. Si alguna vez han perdido un ser amado podrán relacionarse con esta analogía. Nada desafía más nuestra habilidad para dejar ir que la muerte. Ella arrebata de nuestras manos a un ser amado de quien nos aferraríamos para siempre, si pudiéramos. Cuando uno está parado frente a un féretro que está siendo bajado en la tierra, la realidad nos da una bofetada. La persona que amábamos se ha ido. ¿Cómo pudieron irse y dejarnos así? Por dolorosa que sea, la muerte es parte de la vida.

Para los cristianos, la muerte es el portal que nos permite pasar de un dominio de la existencia a otro. Finalmente, la muerte tocará a nuestra puerta sin importar quiénes seamos. Ayuda un poco saber que vendrá. Cuando lo haga, Dios les dará la gracia de aceptar lo que no puede ser cambiado. Esa misma gracia las facultará mientras aprenden a contender con los cambios entre los vivos. La gracia nos faculta a continuar y experimentar la ayuda de Dios. ¿Por qué no le piden a Él la gracia que necesitan para aceptar las cosas que no pueden cambiar? Cuando Él se las de, sigan adelante con su vida.

Cada experiencia tiene su propio valor si no se niegan a ver en dónde están, tratando neciamente de estar en donde ya han estado. Sé que la vida puede sentirse terriblemente inestable y vulnerable cuando se acepta el cambio. Pero me alegra que Dios siempre siga siendo el mismo. Él es la estabilidad que nos permite ajustarnos a las variables de la vida.

Si están leyendo esto y reconocen áreas de sus vidas en que han sido culpables de resistir el cambio, deténganse ahora mismo donde estén y permitan que Dios limpie su corazón del temor al cambio. Sepan en su espíritu que algo bueno va a salir de ello. Acepten lo que venga y empiecen a planear la forma de disfrutar el lugar en que están. Tal vez haya estado descuidando a sus hijos, sus esposos o sus trabajos. Quieren volver al pasado. Pero también se están perdiendo las cosas buenas que Dios ha preparado para ustedes el día de hoy.

Nuestra fe nos enseña a confiar en Dios. Él no cambia, pero sus métodos para ministrarlas cambiarán una y otra vez. No se preocupen, Él les dará lo que necesiten cuando lo necesiten. Quizá no se los proporcione dos veces de la misma forma, pero, ¿qué les importa cómo lo haga, mientras lo haga? Dejen los «cómo» en las manos del Grandioso que puede controlar las circunstancias de sus vidas. Arrepiéntanse de manipular a aquellos con quienes se asocian. Déjenlos ir. Ustedes no tienen derecho a mantener a nadie prisionero en la cárcel de sus temores, ni siquiera a sí mismas. Suéltense. ¡Han estado aprisionadas lejos de lo que Dios más quiere darles: una nueva experiencia en Jesucristo!

> «No os acordéis de las cosas pasadas, ni traigáis a
> memoria las cosas antiguas. He aquí que yo hago
> cosa nueva; pronto saldrá a luz; ¿no la conoceréis?
> Otra vez abriré camino en el desierto, y ríos en la
> soledad.»
>
> —Isaías 43.18-19

En resumen, queridas hijas, parece haber una lucha en los corazones de muchas mujeres que batallan con caracteres cambiantes, tiempos que varían y relaciones que cambian. Se ha hablado mucho de los cambios de la vida, pero no lo suficiente en cuanto al corazón materno, el cual, desafortunadamente, se ha definido puramente por su relación con los hijos. Lo niños se convierten en adultos, sus necesidades cambian y se van, pero la mujer que los crió siempre debe recordar que ella es mucho más que su última tarea. Dios las ha mantenido en esta vida porque son necesarias. Quizás no sea una necesidad que requiera una venda nueva en una herida de varios días; tal vez no sea una necesidad que requiera un rápido viaje a la escuela, para solucionar frente a la maestra una disputa. Pero son necesarias. Tengan cuidado de no mantener cautivos a quienes las rodean. Deben de amar lo suficiente para dejar ir.

Se necesita fe para dejar ir las cosas antiguas. Muchas se aferran al pasado porque están convencidas de que sus mejores días han pasado. Esa actitud lleva a una gran depresión. Si pueden aceptar el desafío al que las llama Dios y darse cuenta de que hay nuevos niveles de vida y amor en frente de ustedes, será grandioso. Tomen algunas de esas cosas que amontonaron en el desván y llévenlo a algún lugar en que puedan ser usadas. Renueven su vida con amor y esperanza, y suelten la amargura. Una mujer que puede seguir adelante es invencible. Ella podrá afectar a su nación como Ester, o guiar a su gente como Débora. Podrá criar al hijo de otra persona en el seno de su experiencia, como Noemí hizo con Rut. Podrá servir a su iglesia al igual que Ana. Cualquiera que sea su próxima tarea en la vida, se la perderán si adoran el pasado y anhelan el ayer. ¡Suéltenlo!

¡La gran tragedia es que muchas mujeres terminan con hijos resentidos, quienes se sienten sofocados y enojados porque los han hecho sentirse culpables por crecer! Conserven lo que tienen con sus hijos permitiendo que la relación cambie en su mano. El gusano ha sido alimentado en el capullo de sus enseñanzas y se ha convertido en una mariposa. Nunca se volverá a arrastrar. Nunca volverá a necesitar lo que una vez le hizo falta, pero en cada aleteo de sus hermosas alas hay un tributo al capullo que le concedió la gracia de cambiar.

Su autoridad ha cambiado. Pasan de ser un soberano autoritario a ser un consejero. ¡Eso no es falta de respeto sino desarrollo! Su palabra tal vez no sea ley y quizás no usen el color que ustedes crean que les va bien, pero si respetan al niño de ayer y reconocen que se ha convertido en el adulto de hoy, él siempre las amará por la inmensa contribución que ustedes hicieron a esa independencia.

Uno de los mayores desafíos de este ajuste es la nueva definición de los límites. Durante esta época el niño debe tener un entrenamiento adecuado para entender que él necesita independencia, sin faltar el respeto. Los jóvenes luchan por conocer su papel y tal vez tendrán desatinos en el proceso de lograr sus metas. Pero, ¿no tropezamos la mayoría con el destino? Los hijos no pueden existir como extensiones de sus padres.

El proceso de destete puede ser un desafío para todos los involucrados.

> «Cuando le vieron, se sorprendieron; y le dijo su madre: Hijo, ¿por qué nos has hecho así? He aquí, tu padre y yo te hemos buscado con angustia. Entonces él les dijo: ¿Por qué me buscabais? ¿No sabíais que en los negocios de mi Padre me es necesario estar?»
> —Lucas 2.48-49

Jesús regresó a casa con su madre y continuó sujetándose a ella. Pero las Escrituras dicen que desde ese tiempo «crecía en sabiduría y en estatura, y en gracia para con Dios y los hombres» (Lucas 2.52). Es importante reconocer que Él no se distanció de su madre, cuya lealtad lo siguió todo el camino hasta la cruz. Aunque sus papeles cambiaron y él se volvió cada vez más independiente, su amor e interés por ella siguieron hasta su trigésimo tercer año y en los momentos finales de su vida. ¡Ella aún era su madre!

> «Estaban junto a la cruz de Jesús su madre, y la hermana de su madre, María mujer de Cleofas, y María Magdalena. Cuando vio Jesús a su madre, y al discípulo a quien él amaba, que estaba presente, dijo a su madre: Mujer, he ahí tu hijo. Después dijo al discípulo: He ahí tu madre. Y desde aquella hora el discípulo la recibió en su casa.»
> —Juan 19.25-27

Existen dos cosas que en verdad son muy importantes, si vamos a pasar a través de la metamorfosis de las relaciones sin destruir la fragancia del amor. El primer punto es el deseo del hijo adulto de convencer a la madre, con afirmación y respeto, que no se prestará a intimidación. Todos nos preguntamos: «¿Seré amado cuando no sea necesario?» La realidad es que aún existirá la necesidad, pero las áreas de necesidad habrán cambiado. Afirmen a su madre guiándola a áreas en que siempre será necesaria. Esto me lleva al segundo punto, el cual es igualmente crucial: la madre debe tener fe para dejar ir la relación pasada y esperar la futura, sin permitir que el temor disminuya las cálidas ascuas de sabiduría materna que existe en el santuario de su corazón. Ustedes pueden desarrollar una nueva relación con sus hijas o hasta con sus hijos.

Eviten la tentación de atacar a las personas que forman parte de la vida adulta de sus hijos. Muchas madres cometen el error de soltar el papel de madres y reemplazarlo con el de jueces. Se convierten en críticos de otras personas que tienen influencia en la vida de sus hijos adultos. Nadie se siente atraído por un crítico, y sin saberlo ella ahuyenta a sus seres amados. Han invertido demasiado en la relación para perder la cabeza. Ya sea que estén luchando con los celos o que genuinamente no lo aprueben, ¡la oración es una mejor opción que los altercados o los regaños!

Recuerden a Noemí, que apoyó a su nuera Rut. Su sabiduría y su gentil ánimo le dieron fuerza y gracia a la joven que influenciaba. Rut y Noemí compartieron la vida, el amor y los secretos íntimos, sin que Noemí juzgara, criticara o dominara a su nuera. Finalmente, Rut se comprometió con el Dios de Noemí. El mejor testigo que podemos tener es la presencia de la gracia. ¡Sean gentiles y verán a Dios moverse en su vida!

Sus hijos estarán muy mal equipados para la vida si han crecido físicamente pero no han desarrollado sus propias opiniones y su singularidad. Ustedes siempre tendrán derecho a su opinión, pero una vez que la hayan dado, déjenlos tomar sus propias decisiones. Respeten sus opiniones y apóyenlos lo más posible. No permitan que el enemigo les robe la riqueza de lo que han invertido en sus hijos. ¡Sería una tontería perder todo lo que han invertido en alguien por un desacuerdo!

María, la madre de Jesús, no entendía a su hijo. Sus decisiones lo llevaron a la cruz. Pero ella lo apoyó hasta el final. ¡Ustedes deben ser sabias! Si no, crearán una guerra fría que las dejará solas, con la amargura y los recuerdos tristes. Su hostilidad hará que se queden con festines preparados y sin que nadie los coma, y con días de fiesta sin familia. No vale la pena. ¡Retrocedan y oren!

> «Porque de éstos son los que se meten en las casas y llevan cautivas a las mujercillas cargadas de pecados, arrastradas por diversas concupiscencias. Estas siempre están aprendiendo, y nunca pueden llegar al conocimiento de la verdad.»
>
> —2 TIMOTEO 3.6-7

Al cerrar este capítulo —este manual para mis hijas y todas las madres e hijas— dense cuenta de que el tiempo trae cambios. El cambio no siempre es un enemigo; puede ser la forma en que Dios dice que ya es suficiente. Él las ascenderá de una tarea a otra. Si pueden permanecer flexibles y enfrentar los cambios de la vida con la confianza en Dios, ustedes triunfarán. El deseo de Dios es hacerlas mujeres sabias.

Hijas mías, les recomiendo a Jesús para los muchos cambios que encontrarán en todos los niveles de la vida. Él no cambia. Es un Dios invariable en un mundo que cambia rápidamente. Para poder sobrevivir deben aprender cómo aceptar el cambio, ya sea que afecte su matrimonio, sus hijos u otras áreas. No se dejen atormentar por algo que fue maravilloso en otra época. Aprendan cuándo es el momento de hacer nuevos descubrimientos.

Hasta en el frío invierno habrá días soleados. Temprano en la mañana, cuando los carámbanos cuelgan de las canaletas, todavía hay brillantes rayos de sol. Aunque el viento haya sonado toda la noche y sus ráfagas choquen vehementemente contra la casa, habrá una mañana. Espérenlo que cada estación de la vida. Levántense cada mañana y hagan a un lado la cortina de la duda. Pasen a través de la película brumosa que nublaría sus ojos, impidiendo ver lo que esta en frente suyo, y abracen la esperanza. Es el comienzo de un nuevo día. Es el establecimiento de nuevas opciones. Las aves se levantan cantando en la mañana.

Y sé que no habrá dos días iguales. No fueron diseñados para ser duplicados. Cada uno es una nueva expresión de un Dios multifacético, cuyo ser no puede ser definido en solo una circunstancia. Cada día contemplaremos una nueva maravilla de su gloria. Un esplendor, un empalme, una astilla de su brillo dispersarán el temor al futuro. Ahora dejen de llorar y de preocuparse por esto o aquello. Ustedes crearán su propia lluvia.

Levántense regocijándose en un día que alguien se perdió. Mientras dormían, alguien exhaló su último suspiro y pasó a la eternidad sin ver este día. Sin embargo, ustedes aún están aquí. Es el regalo de Dios para ustedes. De ese Dios a quien le importan lo suficiente como para darles lo mejor. Él les dio el día de hoy. Disfrútenlo. Es de ustedes. Nunca habrá otro momento como este.

Reinhold Niebuhr lo dijo mejor que ningún otro que yo haya oído: «Dios, concédeme serenidad para aceptar lo que no puedo cambiar, valor para cambiar lo que debe cambiarse y sabiduría para distinguir entre las dos.» Él lo hará. No sólo es una oración si la oran; se volverá una respuesta que las presentará ante el aplauso de aquellos que las aman. Ellos las respetarán porque, queridas hijas, ¡mientras más madure una mujer más sabia se espera que sea! No nos desilusionen; todos estamos esperando que se abran las cortinas. El mundo espera ver cómo manejarán esto. Mi consejo como padre y como amigo es muy sencillo: ¡enloquézcanlos!

CAPÍTULO SIETE

Algunas cosas nutridas, otras neutralizadas

Quisiera que ustedes pudieran haber visto lo que vi mientras observaba a su madre tratar a nuestros hijos. Es algo de una belleza aun más radiante que los estallidos de luz. Siempre me ha fascinado que ella encontrara la gracia para pasarse toda la noche, cuidando una fiebre y arrullando bebés con los brazos ya cansados, sin quejarse. Me temo que las madres de esa magnitud ya estén desapareciendo, así que quiero compartir un poco de la vitalidad que he visto en ella mientras las paseaba arrullándolas por la noche.

Soy un hombre bastante diestro y he cumplido mis deberes nocturnos, ayudando en lo posible para tratar de aliviar la incomodidad de alguna aflicción que trataba de atrapar a mis hijos en sus garras. No obstante, en el transcurso de la noche, el sueño me atrapaba, por lo que arrastraba mis restos de vuelta a la habitación, y como un árbol que cae, me derrumbaba en la cama sin volver a despertarme hasta la mañana siguiente. Para mi asombro, siempre me encontraba a su madre levantada. A veces se pasaba toda la noche despierta. Ella podía arrullar a una criatura más tiempo de lo que podría hacerlo el hombre más fuerte del mundo. Tenía la fuerza de diez hombres cuando se trataba de sus hijos.

Hace mucho que aprendí a no competir con sus instintos maternales, que son agudos y penetrantes. Tiene la visión de un águila. De un solo vistazo puede decir si cualquiera de nosotros no se siente bien. Nota la hinchazón en los ojos o toda una multitud de síntomas que otros pasan por alto. Es algo totalmente misterioso para mí.

La he visto cocinar, vestirnos y alimentarnos a todos, aun cuando estaba tambaleándose por la fiebre. Estoy convencido de que ella no se enferma, y si lo hace, no debe ser el mismo tipo de enfermedad que me da a mí. Cuando yo me enfermo, toda la habitación se convierte en una cuna. ¡Casi que desearía chuparme el dedo! Quiero a mi mamá, a mi esposa y, por lo menos, unas diez enfermeras profesionales. Cuando me da catarro reviso mi testamento, y si es gripe, veo las pólizas de seguros. Y no importa lo que haga, debo hacerlo desde mi cama tibia, acompañado de un tazón de caldo de pollo y un vaso de Ginger Ale bien frío.

Cuando el mismo virus ataca a su madre, ella normalmente no le hace caso. Se pone las pantuflas, comienza a preparar el café con una mano y con la otra levanta a los niños. Es biónica. Puede arrullar al bebé, contestar el teléfono, prepararme la ropa y rizarse el cabello; todo al mismo tiempo y sin pestañear. ¿Cómo es posible? No lo sé. Sólo sé que Dios parece darle a las mujeres buenas la gracia de continuar bajo presión. A mí me asombran algunas de las cosas que se hacen pasar por maternidad en la actualidad.

Hasta mi propia madre podía hacer un pastel de cumpleaños mientras hablaba por teléfono (¡y sin batidora!). Aún recuerdo sus robustos brazos, mientras batía con un cucharón las duras barras de mantequilla en la montaña de azúcar que había vertido en el tazón. No sólo eso, también podía calentar la comida sin un horno de microondas. La recuerdo cocinando muchos asados sobre una estufa rota, que hacía largo tiempo debió ser reemplazada.

Sin mucha ayuda, ella podía tomar veinticinco dólares y un boleto de autobús, e ir al mercado con los tres niños colgando de su vestido de algodón. Ella volvía con los comestibles para toda la semana y tenía preparada la cena antes de las cinco, sin depender para ello de comidas preparadas o carnes procesadas.

En verdad, agradezco el haber visto lo que es una verdadera maternidad. Esas madres falsificadas que echan a sus hijos en los basureros como si fueran zapatos viejos podrán ser hembras, pero no son mujeres. Continuemos con nuestra herencia de excelencia en la maternidad. Y si alguien no tiene esa excelencia, que comience con ella. Necesitamos que nuestras familias sean sanadas y restauradas.

¿Qué es más tierno que el ver a una madre cargando a su hijo con los cálidos abrazos del amor maternal? ¿Han visto alguna vez a un bebé acomodarse en el suave y acojinado seno de su madre, y sonreír suavemente al sentir el latido de su amoroso corazón? Es el ritmo de la vida. ¡Qué cosa más maravillosamente natural es ver cómo aman a sus hijos las mujeres de todas las razas y religiones! Una mujer africana que carga a su bebé tiene el mismo brillo en los ojos que el que tiene su hermana china. Desde Hawai hasta Londres, desde Rusia hasta Italia, hay ciertos sentimientos que trascienden las culturas. Este es el amor del que surge la verdad. Todos nos parecemos mucho cuando se trata de lo esencial en la vida. ¡Necesitamos, amamos, tocamos, damos! ¿Qué otra cosa podemos hacer más que amar aquello de lo que Dios nos ha permitido ser padres?

Me doy cuenta de que al compartir la supremacía de las mujeres en lo que se relaciona con el cuidado de los hijos, he pasado por alto a muchos hombres que han asumido la posición de padres solteros. Me inclino en reverencia y admiración ante cada uno de ellos. Ustedes son príncipes, y Dios los premiará por su amorosa demostración a todos los hombres de lo que puede hacerse cuando es necesario. Pero aun así, hay algo único en la habilidad natural de la mujer para criar.

Fue la mujer sunamita quien se rehusó a aceptar la inminente muerte de su hijo, cuando este cayó en los brazos de su padre, quejándose de su cabeza. Ella ensilló un animal, fue hasta el hombre de Dios y demandó que él levantara al niño ya muerto. Descartó por completo toda su inteligencia. Sabía que el niño estaba muerto; sólo que se rehusaba a aceptarlo. Se aferró al niño; estaba tan convencida de que viviría que no lo enterró (2 Reyes 4.8-37).

Ella no es diferente de Rizpa, una madre que levantó una tienda sobre una roca para guardar la carne podrida y descompuesta de sus hijos muertos, cuyos cuerpos estaban colgando. Ella soportó el mal olor durante muchos días hasta que llamó la atención del rey, quien finalmente ordenó que los cuerpos fueran enterrados (2 Samuel 21.8-11). ¿Y qué me dicen de María y las otras mujeres, quienes bajaron a la tumba esperando encontrar el cuerpo muerto y descompuesto de Jesús, mientras que los discípulos estaban encerrados en una habitación por temor a los judíos?

En resumen, hay algo sobre las mujeres que debemos discutir. Cuando una mujer está embarazada, comparte su comida y oxígeno con un bebé que nunca ha visto ni mucho menos conocido. Sus cálidas manos acarician su creciente abdomen, comunicándose con un bebé que nunca la ha visto, pero hay un lazo que existe antes del nacimiento. Comparte su fortaleza;

sus provisiones de minerales y proteínas comienzan a servir a dos invitados a una mesa. Su cordón le lleva vida a un niño cuyas necesidades dependen de ella para ser cubiertas. Sus tiernos pechos recogen leche al volverse el lugar en que el niño buscará comida. Él no necesita separarse de su madre; todas sus necesidades serán cubiertas en sus brazos. Ella lo acaricia, lo cambia, lo alimenta.

Los hombres no pueden crear una máquina que sea tan multifacética como una madre. ¿Qué otra cosa conocen que pueda alimentar, vestir, acariciar, amar, proveer intimidad y afecto, comida y entrenamiento? Todas esas necesidades son cubiertas sin que el niño tenga que moverse de ese lugar. Ese es su lugar de provisión, el lugar de excelencia.

Sin embargo, como siempre es el caso, las cosas que nos hacen muy buenos y muy funcionales, si se revierten, nos hacen disfuncionales y depravados. Ese mismo instinto de crianza que permite que una madre cargue a su hijo toda la noche sin importar sus propios sentimientos o necesidades físicas, pueden causar que esa mujer se aferre a una relación enfermiza o se abrace a algo que está enfermo y descompuesto. Muchas mujeres encuentran difícil el dejar ir, aunque deban hacerlo.

Es peligroso cuando una persona se aferra a cosas que deben ser liberadas. He aconsejado a mujeres cuyos corazones habían sido quebrantados por alguien que llevaba años fuera de sus vidas; pero de todas formas, encontraban difícil desprenderse de las experiencias y seguir adelante. Raramente conocerán a un hombre que, durante años, haya seguido enamorado de alguien que se haya ido de su vida. Los hombres no sirven para sentarse a esperar que alguien regrese.

Pero no piensen que los hombres no tenemos sentimientos, queridas hijas, porque sí los tenemos. No siempre los articulamos tan fácilmente como ustedes, pero de todas formas los tenemos. Es que por naturaleza no criamos, y tenemos la tendencia a olvidar los asuntos mucho más fácilmente que las mujeres.

Tal vez por ello el Espíritu Santo viene a desafiar a los hombres que han tenido el nuevo nacimiento, a fin de que sustenten a la esposa como si fuera su propio cuerpo (Efesios 5.29). Esta es una carga que sólo puede dar el Espíritu Santo, porque por naturaleza en nuestro antiguo estado no somos sustentadores. La fuerza del argumento de Pablo radica en el interesar a los hombres en el cuidado de su propio cuerpo.

Hay que reconocer que este es un desafío en el que Dios ayuda a los hombres a poder realizarlo, pero las mujeres sustentan por naturaleza. Con frecuencia su lucha es en el área de la sumisión, por lo que el Espíritu Santo desafía a las mujeres a someterse (Efesios 5.22). Si la mujer se hubiese sometido a su esposo en el jardín del Edén, le hubiera referido la serpiente a él, a quien la cubría. Se nos dice que nos sometamos a Dios, resistamos al diablo y él huirá (Santiago 4.7), como hace la iglesia, la esposa sumisa de Cristo. La vasija que se somete gana fuerza para resistir. Cuando el enemigo encuentre una resistencia real, huirá. ¡Todo el concepto depende del hecho de que la batalla no es mía, sino que pertenece a Aquel que me cubre!

El Espíritu Santo establece dentro de la mujer el espíritu de crianza que no permitirá que ella aleje a sus hijos, sino que pacientemente los críe y los cuide. ¿No las enoja ver cómo el enemigo quiere siempre pervertir el bien y cambiarlo en mal? Verán, Satanás no puede crear; él no es Dios; debe atenerse a usar lo que ya ha sido creado. Pervierte, corrompe y hasta desbarata, pero no puede crear. La mujer sabia aprende sus artificios. ¡Una vez que ustedes aprendan lo que él está tratando de hacer, aprópiense de su fortaleza para un uso positivo, e impidan que él las seduzca para desarrollar lo que debe ser neutralizado!

Criar un problema no sólo significa que ustedes lo guarden; también implica que lo están alimentando. Está tomando fuerza de ustedes, igual que un niño; no tiene forma de alimentarse en el vientre materno si no es de su mamá. El enemigo no puede vivir en un espíritu lavado en sangre y regenerado. Sólo puede prosperar en su mente si ustedes lo dejan alimentarse de sus recuerdos y sus temores. Él es una sanguijuela que depende de su cordón umbilical para sobrevivir. Ustedes deben cortar el cordón y ver cómo sus temores se mueren de hambre.

Como Rizpa, que no abandonaba a sus hijos muertos, ustedes deben tener cuidado de no quedarse alrededor de las cosas muertas ni ser amigas de las cosas que deben condenar a muerte. Rizpa era fiel a sus hijos, pero algunas de ustedes son amigas de asuntos que no son suyos. ¡Es el enemigo que busca a quien devorar! (1 Pedro 5.8).

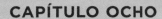

CAPÍTULO OCHO

¡UN ENEMIGO HA HECHO ESTO!

Con frecuencia le he dicho a las mujeres: «¿No se preguntan de dónde viene todo este dolor?» Su situación me recuerda una de las parábolas de Jesús.

> «Vinieron entonces los siervos del padre de familia y le dijeron: Señor, ¿no sembraste buena semilla en tu campo? ¿De dónde, pues, tiene cizaña? Él les dijo: Un enemigo ha hecho esto.»
>
> —MATEO 13.27-28

Esas mujeres no parecen darse cuenta de que Satanás sembró cizaña en su buen terreno. Al hacer esto utilizó sus instintos de crianza en contra de ellas. Algunas han perdido años de productividad tratando de recapturar y revivir algo que ni siquiera valía toda la leche (los recursos) que estaban usando para criarlo. Debían haber cortado ese cordón hace años.

En los programas actuales de rehabilitación de drogas, a la persona que está involucrada en una relación con un adicto, la llaman *facilitador*. Los facilitadores no son necesariamente adictos a la droga, pero no han aprendido a cortar el cordón entre ellos y el adicto y, como consecuencia, son arrastrados a la locura de la otra persona. Aunque ellos odian la adicción, sin intención hacen posible que el adicto continúe con lo que está haciendo. Ellos se han convertido en facilitadores.

De la misma forma, ustedes pueden fomentar algo que las esté agotando. Las está desgastando, pero siguen dándole. Le dan emoción y atención; le dan de su energía y, peor aún, sacrifican su futuro por un ídolo al que no vale la pena adorar. Están fomentando algo que necesita ser neutralizado.

Preguntan: «¿Cómo puedo separarme de esta persona?» La respuesta es sencilla: ustedes no aíslan a la persona. Simple y sencillamente, como un acto voluntario, toman una decisión sobre el estilo de vida de ustedes mismas. ¿Cómo quieren vivir sus vidas? Esa es la pregunta que cada uno debe hacer. Y después, no debemos quejarnos de la respuesta. Podemos elegir cómo queremos vivir, para entonces vivir luego con las elecciones que hacemos. Hay veces en que debemos determinar si en verdad queremos profundizar en el valle del dolor sólo por el beneficio de decir: no estoy sólo. Es decir, rechazo este estilo de vida. Eso no requiere rechazar a una persona, a menos que esa persona considere al estilo de vida más importante que a ustedes. En ese caso, fue el otro quien tomó la decisión.

A muchas mujeres les parece difícil el confrontar esos temas porque, como ellas están predestinadas a criar, siempre ponen el bienestar de otros por delante del suyo propio. ¡Eso suena altruista, pero muchas veces es un pobre vestido que cubre una pobre autoestima!

Profundicemos más, porque muchas de las cosas dañinas que están siendo fomentadas ni siquiera son personas. Son asuntos y luchas, ataduras y temores que siguen creciendo a través de las elecciones de quien los nutre. Se puede criar un temor sin siquiera saber qué se está abrigando. Hijas, llegará un momento en el que se den cuenta de que están guardando ciertos sentimientos o actitudes negativas. Eso es comprensible, pero obsérvenlo más de cerca. Con frecuencia muchas de las personas que tienen esos sentimientos los alimentan sin advertirlo. Repiten una y otra vez el tipo de sentimientos hediondos que las esclavizarán y les robarán la virtud que necesitan para levantarse.

¡Ustedes deben saber cuándo es el momento de neutralizar las cosas que Satanás utiliza para agotar su fortaleza! ¿Han notado que cuando las mujeres están embarazadas su piel pierde color? Se debilitan y se marean, porque el bebé está agotando su fuerza. Si ustedes cargan con un antiguo dolor, con cicatrices antiguas, relaciones muertas o hasta si siguen enamoradas de alguien que siguió adelante con su vida, les aconsejo que aborten eso que está consumiendo su vida y confundiendo su visión. Ustedes son seres que crían, pero pueden neutralizarlo. ¡Déjenlo ir en nombre de Jesús! ¡La Palabra nos instruye literalmente a echar nuestra ansiedad sobre Él! (1 Pedro 5.7) Ahora, nadie echa nada que le importe. No pondríamos fuera a un bebé, un plato de porcelana o una joya familiar. Pero se nos instruye que pongamos nuestras «ansiedades» sobre Él. ¡Lo que sea que les preocupe, entréguenselo al Señor!

La palabra que se usa para «ansiedad» se traduce mejor por «solicitud». Las solicitudes son aquellas cosas por las que estamos ansiosos o preocupados. En contraste, nuestro Padre utiliza la palabra *epirhippto* por «echar». ¡Literalmente significa «arrojar»! Así es, «arrojar», como si lo que nos preocupa no tuviera ningún valor. Que no les importe. Descártenlo por completo.

¿Por qué nos pide Dios que seamos tan radicales respecto a nuestras solicitudes? ¡Porque «Él cuida de ti»! Así es, mientras ustedes están cuidando de ello, Él las cuida a ustedes. Las ama demasiado para verlas retorcerse de dolor por algo que no deberían estar llevando.

Dios no tiene ningún problema para hacer que eso las deje en paz. La lucha es hacer que ustedes dejen de aferrarse a ello. Así que Él les habla a ustedes, no a lo que las molesta. Les habla directamente a ustedes, diciendo: «¡Arrójalo!»

¿Pueden hacerlo? Deben hacerlo. Si no, eso continuará viviendo de su fuerza, absorbiendo su gozo como la boca hambrienta de un niño de pecho. ¿Pueden oír lo que Dios les dice? Están alimentando a su enemigo, dándole fuerza a su propia pesadilla emocional. En el nombre de Jesús, ¡arrójenlo!

«Él cuida» es el punto final de este argumento de las Escrituras contra la tensión. Pedro dice: «...porque Él cuida de ti.» La palabra cuida representa una actitud de Dios continua, perpetua y constante. Literalmente, significa que Él está «preocupado» o «interesado» por ustedes. Eso suena débil, a menos que se den cuenta que son su único interés y su mayor preocupación. Mientras ustedes han mantenido en estima todas las cosas alrededor suyo, Dios está concentrado en su interés. Él dice: «¡Arroja las cosas que se han convertido en una solicitud en tu vida, porque no estimo ninguna cosa por encima de mi interés por ti!» ¡Por favor, hija de Dios, libera el obstáculo antes de que su voracidad te agote y te deje vacía, hueca y en estado de desesperación!

Queridas hijas, al embarcarnos hacia nuevos horizontes y discutir otros temas, quiero explicar por qué las estoy desafiando a neutralizar las cosas que las pueden limitar. Neutralizar es dejar el asunto impotente. Tal vez pueda existir, pero no tendrá el poder de reproducirse en sus vidas. Una dama me preguntó una vez: «¿Cómo olvido mi pasado?» Yo sabía que, en realidad, me estaba diciendo: «No puedo evitar el recordar lo que me pasó.» Yo respondí: «Olvidar su pasado no significa desarrollar amnesia selectiva.» Podrán recordar los eventos, pero los dolores que causaron han sido removidos, como el aguijón de una abeja. Nadie teme ser violada por un hombre neutralizado; su amenaza ha sido destruida. Eso es lo que Dios quiere que hagan con sus dudas y temores. Él quiere que esas amenazas queden impotentes, vacías de pasión y yaciendo indiferentes en su mente, como hechos que ya no tienen poder sobre ustedes.

No habrá progenie o efectos colaterales de estos eventos traumáticos porque ustedes los han neutralizado. Se han alejado de ustedes como las cenizas que son vaciadas de una urna. Fueron arrojadas en el tempestuoso mar del olvido. ¡Está consumado! Esas son las poderosas palabras que Jesús exclamó desde la cruz. Habiendo dicho eso, murió a las cosas que lo estaban atormentando. Los clavos continuaron existiendo, igual que la cruz, pero su poder sobre Él fue destruido. Pasó a otro reino. Lo mismo debes hacer tú, hija mía. Cuando la vida parece injusta e incierta, no te niegues y no te demores fomentando cosas que deben ser neutralizadas. Solo arrójalas en la pila de experiencias de aprendizaje y sigue adelante.

¿Cuál es la moral en estas palabras juiciosas? Aquí está: si han podido nutrir lo negativo con la leche de su voluntad, también podrán nutrir lo positivo. Pueden levantar un negocio y mantenerlo contra todas las probabilidades, con un espíritu implacable y tenaz. Si pueden fomentar un temor, también pueden criar un niño a través de una crisis, alimentar a un esposo en medio de la enfermedad o convertir un trabajo de medio tiempo en una posición ejecutiva. Ustedes tienen fortaleza de espíritu; están llenas de leche. Lo que toquen no necesita irse, porque tienen lo que se necesita para obtener el éxito. Sólo las prevengo que se abstengan de criar cosas que terminen siendo destructivas. Necesitarán sabiduría para elegir. Conozcan su propia fuerza. Ustedes se han maravillado por mi fortaleza como hombre de Dios. El conocer mi fortaleza no siempre las ayudará. Si le harán frente a la vida, necesitarán conocer la suya propia. ¿Tienen debilidades? Seguro que sí; todos las tenemos. Pero la mayor de todas las debilidades es la incapacidad de reconocer y capitalizar sus propias fuerzas y la confianza en sí mismas.

¿Les importaría que orara con ustedes, tal como un buen padre siempre debe hacer? Oremos juntos estas palabras:

Padre,

Ayúdanos a darnos cuenta de que, con frecuencia, contribuimos a nuestras propias tormentas. Mantenemos vivas esas cosas que deberíamos soltar, y soltamos muchas cosas que tú deseabas que mantuviéramos vivas. Nos arrepentimos de nuestra falta de fe y confianza, y, aun más importante, nos comprometemos a capitalizar esos momentos y experiencias que han causado tanto dolor.

Querido Señor, te agradecemos el permitirnos estar vivos para susurrar esta humilde oración. No hay duda de que si tú no hubieras velado sobre nosotros, no estaríamos aquí. Por lo tanto, gracias, Padre, por darnos a cada uno de nosotros otra oportunidad. Armados de esas experiencias y de tu presencia, estoy segura de que estaré bien.

En nombre de Jesús; amén.

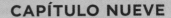

CAPÍTULO NUEVE

Por qué las mujeres pelean entre sí

S I lo analizan por un momento, reconocerán que esta declaración es cierta: las mujeres pelean entre sí. He aquí tres fuertes razones del por qué.

1. Síndrome de aislamiento

Recuerdo que yo jugaba en el patio con mis amigos. Siendo muchachos campesinos, teníamos juegos muy primitivos. No estábamos expuestos a pasatiempos caros y exóticos. Nuestros juegos eran simples y bastante genéricos. Requerían de interacción y trabajo de equipo. Compartíamos victorias y derrotas. Hacíamos estrategias para derrotar al otro equipo. Compartíamos secretos y planeábamos en grupo cómo íbamos a vencer la defensa del otro equipo.

Raramente se encuentran varones entrenados en aislamiento. Generalmente tienen el tipo de juguetes que requieren competencia. Y aunque esto más tarde crea algunos puntos negativos en lo que se refiere a tensión y competitividad masculina, de todas formas enseña muchos puntos positivos en lo que se relaciona a aprender a interactuar con miembros del mismo sexo. El verdadero interés en el otro sexo viene más tarde.

Nuestra primera fascinación fue con las ranas y los niños que las atrapaban. ¡Pensábamos que las niñas eran tontas por chillar y huir de un sapo o de algún otro animal que estábamos tratando de capturar! Sé que esto puede sonar un poco anticuado comparado con los niños actuales, cuyo entretenimiento debe comprarse en una caja y conectarse a un circuito. Pero esa fue la época en que me criaron.

En todo caso, al ver los partidos de fútbol aprendíamos admiración y respeto por la actuación de otros hombres. Aun en la actualidad la mayoría de los hombres están orientados hacia la actuación.

Algunas de las luchas que las niñas enfrentaban surgían de ser criadas jugando con muñecas que se volvían sus confidentes. Pero las muñecas no pueden hablar. Siempre concuerdan y nunca divulgan los secretos. Las niñas no eran criadas con juegos comunes que requirieran planear, compartir e interactuar.

Ni siquiera los juegos que unían a las niñas eran en equipo. El saltar la cuerda, la rayuela y otros juegos casi no requerían en trabajar juntas y planear. Un juego favorito de las niñas de esa época eran los juguetes de cocina y los juegos de té. Jugaban a la casita y al matrimonio. Las pequeñas estaban practicando estilos de familias, mientras que los niños salíamos detrás de las rocas con pistolas de juguete. Con razón las mujeres son tan racionales en términos de las relaciones entre hombres y mujeres. El pobre hombre no sabe en qué se metió cuando se para frente al altar y trata de hacer que sus labios digan: «Acepto». No sabe qué significa eso, pero ella lleva practicando esta vida familiar desde que tenía cuatro años. ¡Ha estado jugando a la mamá toda su vida, pero los niños nunca jugaron al papá! Tristemente, ahora muchos no sabemos cómo jugar.

Obviamente, los problemas surgen cuando la mujer que ha ensayado se une con el hombre que no ha ensayado. Pero existe otra área de desafío que va más allá de la relación matrimonial. La niña se ha pasado la vida jugando juegos que la han llevado a un marco familiar con sus hijos, su esposo y su casa. Pero, ¿qué pasa cuando ella tiene que trabajar con otras mujeres que no encajan en su marco de referencia?

Les diré lo que pasa: hay una desconfianza extrema. Surgen conflictos extraños por territorio y espacio. Tristemente, no le estamos enseñando a nuestra pequeñas cómo trabajar en un mundo que está más densamente poblado de mujeres que de hombres. Para cuando llegan a la secundaria y quedan expuestas a otras muchachas en el club de ajedrez o en el equipo femenil de baloncesto, ya han pasado sus años formativos. Están bien formadas y hasta son precoces en lo que concierne a sus habilidades con el sexo opuesto. Son tan maduras en esa área que ya saben lo que quieren sacar de esas relaciones, mientras que el muchacho está descubriendo el llamado primitivo y animalista de la rutina de apareamiento de la selva. ¡Su presa está más avanzada y él termina capturado por la presa!

El área de vulnerabilidad de ella se centra en su lucha por encontrar un lugar entre las otras mujeres en su territorio. ¡Ellas no estaban en los planes originales y ahora se encuentran todas arregladas en medio de su camino! «¡Se cree muy graciosa!», se quejan. En realidad, el problema es que ellas creen que es graciosa. Hay una gran necesidad de que las mujeres se respeten mutuamente. Percibo que muchos hombres necesitan ser instruidos en cómo respetar a las mujeres. Me atrevería a señalar que ustedes no podrán enseñar a los hombres a respetar a las mujeres, si esos hombres son criados por mujeres que no respetan a otras mujeres. Hablo de hombres criados por mujeres, porque, me apena decirlo, cada vez menos hombres son criados por hombres en la cultura actual.

Por consiguiente, hay verdaderas luchas cuando descubrimos más tarde que existe la necesidad de desarrollar relaciones femeninas fuertes y respeto mutuo, pero hay poco respeto o voluntad de compartir. El no aprender a compartir crea problemas cuando uno se encuentra en una oficina, una iglesia o algún otro lugar pequeño en que hay que compartir copiadoras, túnicas del coro o la atención del ministro. Surgen intensas luchas sobre el territorio. Oirán declaraciones tales como: «¡Este es mi trabajo!», «¡Él me dijo que yo hiciera eso!», «¿Qué haces robándome mis clientes?» Hay un temor y una desconfianza que no surgen tanto por pertenecer al sexo femenino como por no haber aprendido la elasticidad que se aprende formando parte de un equipo!

Dios las ha llamado a servir en una iglesia. Es un lugar donde Él quiere realinearlas y enseñarles destrezas para relacionarse. Las mujeres bajaron juntas a la tumba para ministrar el cuerpo de Jesús. Este es el punto de reunión para mujeres que quizás no tuvieran nada en común. Es aquí que Dios les enseña cómo amar, a pesar de sus temores e inhibiciones, y a experimentar una verdadera hermandad. Sé que muchos ministerios no experimentan el compromiso que atiende el síndrome de aislamiento, pero hay algunos que lo hacen.

¿Cuál es la causa de que algunas experimenten la victoria y otras no? ¿Es la enseñanza? No del todo, porque he estado involucrado en grandes ministerios que no han experimentado sanidad en lo que se refiere al síndrome de aislamiento. Todos sus miembros son estudiosos de la Palabra. Muchos son adeptos a las Escrituras. Enseñan todos los conceptos correctos y conocen todas las técnicas adecuadas, pero cuando se prueba el verdadero amor, no logran vencer el aislamiento de la niñez que esclaviza su corazón.

Tampoco se encuentra ausente el síndrome del aislamiento en las santurronas que ayunan, oran y se visten como monjas, manteniéndose —tal como ellas dirían— «sin manchas del mundo». Con frecuencia parecen santas y pías, jactándose de sus profundas raíces espirituales, pero al inspeccionarlas de cerca encontramos que hay falta de amor.

He estado tras las bambalinas de grandes ministerios, cuyos escalones más altos siembran miles y miles de dólares en las misiones en el extranjero, pero que no pasarían un tiempo de adoración con la persona que tienen enfrente. Es aquí que los grupos femeninos de oración se pueden convertir en discretos lugares para chismear bajo el disfraz de la oración; las intercesoras pasan más tiempo discutiendo los asuntos entre ellas que discutiéndolos con Dios. Todas esas acciones son impotentes si no son acompañadas por un corazón que haya sido cambiado y desafiado.

Sé que se preguntarán dónde se encuentra la sanidad para este síndrome de aislamiento. No es precisamente en los bancos de las iglesias, sino en los corazones de quienes se sientan en esos bancos. Sucede en los corazones y hogares de aquellas personas que se rehusan a ser arrastradas a un foso de paranoia y cinismo.

Ellas han hecho el compromiso de arriesgarse a remover las capas que habían construido para aislarse del dolor. Están aprendiendo a involucrarse y amarse mutuamente. Fueron las mujeres quienes prepararon el cuerpo de Jesús para que fuera enterrado. Su incienso y su mirra estaban destinados a conservarlo. ¡Me pregunto qué le pasaría a la unidad y la armonía del ministerio si las mujeres del mundo se reunieran en el cuerpo de Cristo y lo ungieran juntas, como hermanas!

2. Males maternos y maltratos

Esta es la segunda razón por la cual las mujeres pelean entre sí. Ya he confesado que mi esposa dice que trato a mis hijas de manera diferente que a mis hijos. Los amo por igual, pero de manera diferente. Quizás sea por lo enamorado que estoy de la frágil fragancia de la feminidad en capullo de mis hijas. Cualesquiera sea el factor contribuyente, no existe diferencia en la calidad de mi amor, pero confieso que tal vez haya un poco de diferencia en la forma de expresarlo. Tal vez parezca un poco más duro con los varones, porque sé muy bien lo que tendrán que enfrentar como hombres en este frío y burdo mundo. ¡Pero si soy culpable de endulzar las cosas cuando se trata de mis gratos lirios, también mi esposa es culpable de dejarlos a ellos salirse con la suya!

¿No es extraño que cuando los hijos quieren un sí sin problemas, saben a cuál de los dos preguntar? Mis pequeñas pasarán por en frente de su madre y me preguntarán si pueden tener esto o aquello. Por otro lado, mis hijos siempre le preguntarán primero a su madre. ¡Su ingenuidad la hace caer, ya que no tiene idea lo que es ser un niño! Con frecuencia, ella sobrecompensa siendo incauta con las necesidades de ellos. Bueno, lo admito. ¡Ambos somos culpables! Yo complazco a las niñas y entreno a los niños, mientras que ella complace a los niños y entrena a las niñas. Pero eso está bien mientras que los dos padres estén allí para equilibrar los aspectos del entrenamiento contra el aspecto de la complacencia. ¡A través de ambos padres los hijos son complacidos y bien entrenados!

El problema surge cuando un padre está ausente o no contribuye en el proceso de la crianza de los niños. ¿Qué pasa cuando la niña es criada por una mujer que no se da cuenta de que su hija debe tener el amor del papá y el entrenamiento de mamá de la misma fuente? Esto puede hacer que todo el equilibrio de la niñez quede fuera de sincronización. Es especialmente dañino cuando la madre es dictatorial con la hija pero permisiva y complaciente con el hijo. ¿Qué tipo de mensaje enviará eso a la hija respecto a quién es importante en esa casa?

Si la madre prepara siempre el desayuno para su hijo, pero le dice a la hija de una edad parecida que se levante y se prepare el suyo ella misma, ¿le está diciendo subconscientemente a su hija que los hombres deben ser favorecidos y que las niñas no son importantes? No me refiero al abuso consciente, aunque eso también pasa en muchos casos. A veces, cuando una mujer de la que han abusado cría a una hija, ella trata de prepararla demasiado contra los vientos fríos y amargos de la única vida que ha conocido. Sin advertirlo, puede herir a la criatura a la que está tratando de reforzar, al no equilibrar la disciplina con el afecto.

Desafortunadamente, muchas hijas fueron criadas por madres que criticaban excesivamente. Esas madres, quienes probablemente solo tenían buenas intenciones, estaban intentando entrenarlas, pero sus métodos eran tan ásperos que se volvieron críticas profesionales. Ellas solo murmuraban alabanzas cuando sus hijas tenían éxito, pero gritaban insultos cuando fallaban. Querían prepararlas, pero en lugar de eso las perjudicaron. Sufro por esas pequeñas en quienes ha sido plantada la semilla de la propia aversión. En sus corazones han cargado con la culpa de los matrimonios fallidos y los hogares quebrantados. En lo profundo, sienten que todo es culpa suya.

Es terrible vivir bajo las ásperas palabras de un crítico amargado. Muchas han sido golpeadas con cuerdas, puños y hasta con las Escrituras. Han llorado hasta quedarse dormidas, y han deseado la muerte a una edad temprana. Han conocido la terrible desesperación de sentirse atrapadas en una casa con una fuerte actitud dictatorial. Esta situación trasciende las

culturas y la economía. Solo necesitamos recordar una película
de hace algunos años: Mamá querida, que cautivó al público
con un cuadro de lo que podía existir aun detrás de las paredes de mármol y las fuertes columnas de los ricos y famosos.
Sucedió allí y puede suceder en los apartamentos en los barrios
pobres, de madres iracundas cuya desesperanza se convierte en
ira contra las únicas personas que quedan en la casa. Esa niña
hace que la madre se acuerde de sí misma. La madre teme que
la niña pueda terminar en las mismas condiciones que ella. Por
consiguiente, la madre tiene una rabieta y la hija se encuentra
encerrada en una pesadilla.

Ya sea que la actitud se exprese en los extremos que acabo
de describir o sólo en un pequeño vestigio de prejuicio, es un
área de preocupación legítima. Muchas mujeres mantienen un
doble estándar cuando se trata de lo que esperan de sus hijas
en comparación de lo que requieren de sus hijos. Este problema
se amplifica cuando el papá no da el balance con los instintos
masculinos de fascinación por el opuesto.

Hay muchas relaciones de madre e hija que son enteras,
saludables y vibrantes, y las aplaudo. Mi preocupación no es
por aquellas que son sanas, sino por lo fragmentado. Siempre
me emociona ver a quienes han encontrado el éxito. Ellas son
el testimonio que fortalece a los empobrecidos emocionalmen-
te, con la fe que necesitan para saber qué puede hacerse.

«Respondiendo Jesús, les dijo: Los que están sanos
no tienen necesidad de médico, sino los enfermos.»
—Lucas 5.31

Entiendan que el ministerio verdadero es para los necesi-
tados. Si lo que estoy diciendo no es una receta que necesiten
ahora, tómenla de todas formas. Podrá servirles como una

pequeña medida de prevención contra ataques futuros, o, al menos, equiparlas para ayudar a quienes ustedes encontrarán al ministrar a las personas a su alrededor que están sufriendo. Esta no es una acusación o una denuncia contra todas las mujeres, pero algunas han caído en esas trampas y con ello han socavado la moral de sus hijas. ¡Por favor, no sean una de ellas!

En la actualidad, muchas mujeres se han encontrado en un estado de padre único. Ellas no lo pidieron y no lo prefieren, pero por alguna razón eso se convirtió en la realidad de sus vidas. Dios les está dando la gracia de sobrevivir. Está ayudándolas y asistiéndolas como sólo Él puede hacerlo. Son mujeres que se han quedado solas con la tarea de la maternidad por causa de la deserción, la muerte o la tragedia del divorcio.

Por favor; escúchenme. En la actualidad muchas otras mujeres están eligiendo por voluntad propia ser madres sin padres. Están decidiendo tener hijos sin esposos; se está poniendo de moda tener familias no tradicionales. Yo les pregunto, ¿cómo se atreven a decidir criar un hijo con un vacío que podría haberse prevenido?

Es una arrogancia el pensar que son tan perfectas que pueden criar un niño o una niña y darle ambos aspectos de la paternidad y la maternidad. Tal vez sea una mujer maravillosa, de éxito e inteligente. Tal vez sea la madre biónica. Pero aun así, no es un padre. Ya sea que la sociedad quiera admitirlo o no, Dios dio niños al matrimonio. El hombre y la mujer fueron desafiados juntos a ser productivos. Se necesitan dos para procrear y funciona mejor cuando ambos contribuyen al desarrollo de ese fruto. No les roben a sus hijos ese maravilloso nivel de totalidad.

El amor de un padre es esencial para un desarrollo bueno y saludable. Sé que ustedes pueden hacerlo solas, pero habrá algunos desafíos que enfrentarán para dar balance; hay demasiados desafíos para que ustedes escojan ese aprieto para sí mismas. Pero si por alguna razón se encuentran solas criando a sus hijos, ¡Dios es poderoso! ¡Ustedes pueden hacerlo, pero no podrán hacerlo sin la ayuda de su Padre celestial, cuya sabiduría se volverá una fuente de recursos para ayudarlas y guiarlas en su camino!

Si ustedes no son cristianas, deténganse y entréguenle su vida a Jesús, antes de permitir que su dolor contamine la forma en que influyen en sus hijos. Si han sido víctimas de algunos de los abusos mencionados en este libro, o si sus batallas de niña fueron pequeñas injusticias que causaron dolores secretos, quiero recomendarles al Padre que nunca las dejará ni las olvidará. Nadie puede alejarlas de sus favores. Él está esperando para darles lo que se han perdido. ¡Su sangre puede sanar el desgarramiento!

3. La opresión del género femenino: profundamente incrustada, raramente definida

Esta es la tercera razón por la que las mujeres pelean entre sí. Muchas han sufrido de abusos y maltratos. Cuando hemos sido oprimidos surge un cierto sentido de inferioridad. Este mundo en el que vivimos es excelente para decirle a diversos grupos: «¡Quédate en tu lugar!» Aprisionamos a las personas con estereotipos y las castigamos si se escapan del papel que hemos asignado.

Hace años la tendencia dominante en el pensamiento occidental era que el lugar de la mujer se circunscribía a la cocina. Se la trataba como un ciudadano de segunda clase. Se le negaba el derecho a votar. Asombrosamente, el terrible racismo sólo tiene rival en el sexismo, que también se pone firme y dice: «¡Presente!» ¡Cuán trágico es que hayamos permitido que el color y la forma del envase distorsionen nuestra percepción de su contenido!

Hace algún tiempo me entrevistó una reportera inteligente y vibrante de un noticiero religioso; quería escribir un artículo sobre mí para su periódico. Tras años de invertir, ahorrar y luchar con retos económicos, mi esposa y yo finalmente habíamos llegado a un punto en que pudimos comprar la casa de nuestros sueños. Nos conmocionó darnos cuenta de que no todo el mundo compartía nuestro entusiasmo. Nos encontramos teniendo que defender nuestro derecho a la vida, la libertad y la búsqueda de la felicidad.

Verán, este pequeño periódico de una ciudad del sur consideraba inapropiado que un hombre de Dios tuviera una casa agradable o tuviera éxito en los negocios. Enviaron una reportera para ridiculizarnos por comprar nuestra casa. Bueno, comencé la entrevista intentando explicar que he predicado el evangelio desde todos los niveles económicos, como Pablo. He sido humillado y he tenido abundancia. He dormido en chozas y predicado en garajes.

Pasaron años antes de poder tener abundancia y experimentar algunas de las amenidades del mejor lado de la ciudad. Pero ahora he dormido en departamentos de lujo y comido caviar. Soy un testimonio vivo de que Dios responde a las oraciones. A pesar de todo eso, el mensaje aún es el mismo: ¡Jesús salva!

> «Sé vivir humildemente, y sé tener abundancia; en todo y por todo estoy enseñado, así para estar saciado como para tener hambre, así para tener abundancia como para padecer necesidad.»
>
> —Filipenses 4.12

De cualquier modo, intenté explicar que soy tanto hombre de negocios como ministro. Dios ha bendecido abundantemente ambas áreas. Pero también quería que ella entendiera que había habido veces que al predicar no lograba reunir dinero para la gasolina para regresar a casa. Dios me bendijo soberanamente para tomar el tipo de decisiones de negocios que le dieran un semblante de seguridad a mi familia. ¿Por qué sería eso una desgracia en la comunidad secular, y hasta entre cristianos mal informados?

No me daba cuenta de que cualquier forma de éxito ofende a las personas que se encuentran en otras etapas de su vida, particularmente cuando definen la piedad como pobreza. Se permite que los jugadores de fútbol y de béisbol sean ricos; que los artistas y bailarines se hagan ricos, mientras desfilan casi desnudos por el escenario. No tenemos escrúpulos porque aquellos que nos entretienen sean bendecidos a través de sus dones: el dentista que limpia y arregla nuestros dientes, la actriz, el cantante cuya composición lírica exhorta a la violencia, a pecar y más.

Hasta aceptamos que los conferencistas motivacionales prosperen, siempre y cuando no sea el hombre o la mujer que Dios a elegido para alimentar nuestras vidas, enterrar a nuestros muertos o preparar nuestras almas para la eternidad.

Cuando la reportera sugirió que los ministros no deberían vivir tan bien como otros profesionales, me di cuenta de que un espíritu de opresión estaba obrando en la mentalidad de algunas personas de esa ciudad y de muchas otras a través de nuestro país. Ella razonaba que Jesús fue pobre y no le complacería que aquellos que le servían tuvieran cualquiera de esas ventajas.

En respuesta le señalé que Jesús no era pobre. Si lo hubiera sido, no hubiera sido capaz de mantener a Juan, un hijo de empresario que dejó todo por seguirlo, a Mateo, un cobrador de impuestos que dejó atrás sus cuentas, o a Pedro, un pescador que abandonó las redes, poniéndolos en su personal, trabajando a tiempo completo durante tres años. Ellos deben de haber tenido algún tipo de paga. ¡Eran hombres con familia!

> «Porque si alguno no provee para los suyos, y mayormente para los de su casa, ha negado la fe, y es peor que un incrédulo.»
> —1 Timoteo 5.8

Jesús tenía un tesorero (Juan 12.4-6; 13.29). ¡Necesitas un tesorero si no tienes dinero! Él tenía que pagar impuestos (Mateo 17.24-27). Aunque era el hijo de un carpintero, jamás he leído que pasara su precioso tiempo construyendo muebles. Necesitábamos de sus palabras más de lo que necesitábamos sus construcciones. De hecho, a una edad tan temprana, como a los doce años, comenzó a dejar saber a su familia que su negocio eran los negocios de su Padre.

> «Entonces él les dijo: ¿Por qué me buscabais? ¿No sabíais que en los negocios de mi Padre me es necesario estar?»
> —Lucas 2.49

Hasta cuando lo llevaban de juzgado en juzgado, Él no parecía un mendigo. Mientras Él moría en la cruz, su ropa era la envidia de los hombres mundanos que lo crucificaron. Su túnica era tan hermosa que los mal pagados soldados romanos se la jugaron al pie de la cruz, tratando de obtener esa «túnica sin costura».

«Cuando los soldados hubieron crucificado a Jesús, tomaron sus vestidos, e hicieron cuatro partes, una para cada soldado. Tomaron también su túnica, la cual era sin costura, de un solo tejido de arriba abajo. Entonces dijeron entre sí: No la partamos, sino echemos suertes sobre ella, a ver de quién será. Esto fue para que se cumpliese la Escritura, que dice: repartieron entre sí mis vestidos, Y sobre mi ropa echaron suertes. Y así lo hicieron los soldados.»

—Juan 19.23-24

Finalmente le dije a la reportera: «No hace muchos años los medios la estarían entrevistando a usted porque como mujer no debería ser una reportera. Dirían que usted debiera estar en su casa haciendo bizcochos.» Ella admitió que eso era cierto. Había enfrentado abusos y maltratos por ser una pionera de su profesión. A mi me alegra vivir en un país que no requiere que yo viva mi vida alineado a las tendencias de quienes me rodean. ¿A ustedes no?

¿Qué tiene que ver esto con las mujeres? Me alegra que lo pregunten. Es discriminación cada vez que dicen que una persona no debe tener esto porque ella es aquello; ya sea que el «aquello» sea su raza, su ocupación o hasta su sexo. Hay una tremenda discriminación ocupacional para los ministros en este país. ¡Es una opresión social el tratar de forzar el fanatismo y la intolerancia en otros, y se debe renunciar a ella!

¡Hijos e hijas! ¡Tenemos el derecho de escalar montañas y extender las alas que Dios nos ha dado! La discriminación causa deslealtad y celos hasta en los ministros. La opresión crea víctimas descontentas que se atacan mutuamente, porque se encuentran bajo una luz negativa. Comienzan a culparse unos a otros. De la misma forma, el sexismo ha dejado a las mujeres que han sido sus víctimas altercando entre ellas. Las tácticas de Satanás todavía son las mismas: «divide y conquistarás». Él persigue a las mujeres de la misma forma.

La Biblia dice que existe enemistad entre la mujer y la serpiente (Satanás) (Génesis 3.15). Siempre la ha habido y siempre la habrá. Pero, gracias a Dios, muchos ministerios están luchando porque todas las personas oprimidas se levanten y sean sanadas. Hace mucho tiempo que apoyo a las mujeres en el cuerpo de Cristo. Jesús era un claro emancipador de las mujeres oprimidas, desde la que fue encontrada en adulterio hasta la mujer samaritana en el pozo. Él siempre las estaba liberando y elevando su nivel de vida.

Muchas mujeres han estado lidiando con el trauma y la lucha de la opresión, sin darse cuenta de la severidad de ello. Hay muchos efectos colaterales que influencian en cómo se ven unas a otras. La misma mujer que me entrevistó para el periódico había olvidado rápidamente sus propios apuros y luchas. ¿Cómo podemos atacar a las personas por hacer lo que nosotros mismos estamos tratando de hacer?

> «Sabiendo Jesús los pensamientos de ellos, les dijo: Todo reino dividido contra sí mismo, es asolado, y toda ciudad o casa dividida contra sí misma, no permanecerá.»
>
> —MATEO 12.25

La fuerza del enemigo existe cuando él puede quebrantar la unidad de los oprimidos. Él no quiere que nos unamos contra todas las formas de opresión y discriminación. ¡Todo es criminal, y por consiguiente no hay formas aceptables de oprimir a ninguna persona por ninguna razón! Muchas mujeres no reconocen el daño que le harán los años de opresión a su confianza y autoestima. Ya es hora de que nosotros discutamos y definamos la opresión en todas sus formas. Su fuerza radica en la habilidad de esconderse y dividir. No dejemos que se esconda al tomar diversas formas. Y, por favor, ¡no podemos permitir que nos separe a quienes hemos caído presas de su vicioso dominio!

La reportera y yo concluimos con un respeto mutuo más profundo, debido a que las vidas de ambos habían sido atacadas por aquellos que nos decían: ¡quédense en su lugar y manténganse callados! En la actualidad, todos hemos sido víctimas de algún tipo de discriminación en algún momento. Tal vez de alguna forma podremos entender mejor el apuro de otros cuando lo hemos experimentado nosotros mismos. Mi experiencia había sido por ser de color negro, pero recientemente ha surgido por ser un ministro cristiano. Aunque ella era blanca —de una pequeña región rural en que la población es de menos de cien mil personas, y sólo un 5% de negros— su experiencia era la de una mujer que se había atrevido a salirse de su lugar. No importa la razón del ataque, la cerca era alta y los perros ladraban igualmente alto, diciendo: «¡No atravieses la línea o te atacaremos!»

Recuerden que la opresión de cualquier forma es opresión; es una dolorosa píldora que ha sido forzada en la boca de muchos. Mujeres de todos los colores han tenido que soportarla en silencio. Ellas se ponen al lado de todos aquellos que han sido oprimidos. Pero el problema es difícil, porque el abuso de los sexos no se discute y hay efectos colaterales que necesitan ser subrayados.

En cierta forma extraña, la opresión puede hacer que uno mismo se deteste. Derriba la lealtad. ¡Si yo nunca he visto a nadie que se parezca a mí en ciertos medios, subconscientemente empezaré a pensar que hay algo mal en aquellos que son como yo! Cualquier pueblo oprimido comenzará altercar y a quejarse entre sí. Comenzarán a culparse mutuamente y a discutir. Si mantienen a las personas como rehenes, comenzarán a devorarse mutuamente. Tal vez sea la desesperación de sentirse atrapados.

Muchas mujeres que son creativas, afirmativas y agresivas han tenido que sofocar esa agresividad para encajar en ciertos círculos. Cuando una mujer extiende sus alas en el sol, con frecuencia es desairada tanto por hombres como por mujeres. Uno esperaría encontrar esos prejuicios entre los hombres, pero hasta algunas mujeres encuentran difícil trabajar para otra mujer. ¡Vaya declaración!: aspirar a una posición de liderazgo mientras que se prefiere no someterse a nadie del propio sexo que se encuentre en esa posición. Eso es un signo de que la opresión ha afectado su imagen propia, y la de su raza o género. ¿Cómo es que no puedo respetar a alguien de mi propio género, raza u ocupación por sus logros en un área que yo aspiro a obtener?

La tragedia corta profundo en nuestras almas. No podremos hacer que otros depuren la inocente matanza de cautivos encerrados tras una mentalidad cerrada, si nosotros mismos no hemos exorcizado los demonios del descontento que nos permiten rechazar a los nuestros.

Las personas que han sido oprimidas tienen la tendencia de operar como cangrejos que tratan de escapar de un barril. Cada uno está tratando de subir, y cuando ve otro cangrejo tratando de hacer lo que él quiere hacer, lo tira hacia abajo. Esa «mentalidad de cangrejo» es una característica común de aquellos que han sido oprimidos. Representa gráficamente una ambigua falta de autoestima. Crea una presión de compañeros que dice que uno es aceptable mientras se mantenga en ciertos niveles, pero si uno busca la libertad los demás será tumbado.

Esa es demasiada aspiración para una mujer (o un predicador, un inmigrante, etc.). Por doloroso que sea el ser criticadas, las desafío a que no permitan que otros las detengan. Si Dios les ha dado la gracia de adelantar, ¡háganlo! Si nadie hubiera desafiado la opinión pública, aún estaríamos manejando en un carro de caballos, los negros viajarían en la parte posterior del autobús y las mujeres de todos los colores estarían sentadas en el portal tomado té helado e intercambiando recetas, en lugar de ocupar diversos lugares de la sociedad.

¡La vida es demasiado larga para pasarla agachados a fin de no sobresalir! ¡Y es demasiado corta como para esperar a que la gente cambie de forma de pensar antes de utilizar nuestros dones! En interés del tiempo, ustedes deben perseguir urgentemente la gracia de obtener lo que Dios les ha dado, y después dejar que los críticos se ajusten a ustedes. Siento que Dios está a punto de perder alguna preciosa mujer que ha estado luchando con la opinión pública contra las ambiciones personales. Yo les diría ahora mismo que hay una grandeza en ustedes esperando ser desatada, y, en nombre de Jesús, ¡mujer; libérate!

> «Sacúdete del polvo; levántate y siéntate, Jerusalén; suelta las ataduras de tu cuello, cautiva hija de Sión.»
>
> —Isaías 52.2

Es saludable para todos nosotros el ver la liberación. No es a expensas de los hombres que las mujeres son liberadas —no si se hace a la manera de Dios. Cuando una mujer es liberada de la opresión, está más satisfecha y es una mejor socia para su compañero, más que un accesorio en su vida. Muchas mujeres encuentran la realización en el cuidado de sus hijos y, ciertamente, ese es un llamado maravilloso. Creo que la maternidad es un llamado de Dios, y no solamente una conglomeración biológica de fluidos. Necesitamos madres para preparar a la próxima generación. Hay otras mujeres que prefieren contribuir a este mundo en otros niveles. Ellas no deberían ser ridiculizadas en el lugar de trabajo, frustradas en las reuniones familiares o excluidas en el club de damas sólo porque hayan elegido otro sendero.

Los cambios vienen cuando una, como mujer, se respeta a sí misma y a las mujeres a su alrededor. Aun los hombres necesitan ver que las mujeres se respetan unas a otras. Eso sienta un precedente de valor, y nos instruye sobre el propio valor interno. Los niños necesitan oír que sus madres hablen bien de otras mujeres. Las hijas necesitan escucharlo. Nosotros impactamos a otras personas con señales sutiles. Cuando ellos las oyen hablando bien de las personas, se volverán positivos y serán motivados a hablar bien de otros también. Las personas cínicas siempre se reproducen en el mismo tipo de gente.

La mayor víctima de la opresión es la persona que cae en las garras de la opinión de aquellos que la mantienen cautiva. Al decir que caen en la garras me refiero a que permiten que la opinión de los otros influya en cómo se ven a sí mismas. Eso es demasiado poder para darle a nadie. Dejen de agacharse y levántense. Si no lo hacen, comenzarán a concordar con aquellos que las oprimen. Ellos no pueden mantenerlas sujetas; pero ustedes sí pueden sujetarse. Ellos podrán demorarlas, pero no podrán negar su habilidad. Realmente ustedes están aprisionadas por su propia actitud. Su único límite es el candado que ustedes le ponen a su propia creatividad.

Y ahora vamos al punto central. Jesús dijo: «Amarás a tu prójimo como a ti mismo» (Mateo 19.19). ¡Si en verdad quieren saber cómo se sienten sobre sí mismas, quizá lo puedan evaluar cada vez que quieran observando como tratan a otras como ustedes! Si esa prueba revela que tienen que luchar con la repulsión a sí mismas, pídanle al Señor que las sane. ¡Sabrán que están sanadas cuando respeten a aquellas a su alrededor que se parecen a ustedes! El respeto significa respeto mutuo, tanto en el lugar de trabajo como en el de adoración.

Si ustedes la respetan a ella, no le tratarán de dar poca importancia o sobrepasar los límites apropiados en como tratan a su cónyuge. ¿Cómo pueden decir que respetan a las mujeres y pasar sobre ellas tratando de atraer la atención de sus esposos? Al viajar me asombra ver cómo muchas mujeres pasarán por arriba de mi esposa para hablar conmigo. Ellas ni siquiera la reconocen. Nunca podrán honrarme a mi deshonrando a aquella con quien comparto todo. ¡Qué falta de respeto! Un hombre que pasara por arriba mío para abrazar a mi esposa podría poner en peligro su longevidad en esta tierra, pero las mujeres hacen eso todo el tiempo sin importarles en lo más mínimo mi esposa o yo.

Si les preguntara: «¿Respetan a las mujeres?», podrían decir: «Sí», pero la respuesta, realmente, es «no». No le dan respeto porque no tienen para darlo. O peor que esto, es el coqueteo compulsivo, cuyo espíritu de rivalidad necesita ser alimentado por el coqueteo con los esposos de otras mujeres. No es una mera cuestión de soledad. Está llena de baja autoestima por lo que, creo, es la competencia de inflar un ego «desinflado» con alguna evidencia de valor.

Hay algunas mujeres que no tienen ningún interés en tu esposo hasta que te casas con él. Entonces hay delirios con deseos.

El respeto mutuo se refleja en cómo honran su matrimonio. ¿Cómo pueden decir que la respetan a ella y después coquetear con el esposo? Respeto significa «honrar y estimar como algo valioso». Si esta actitud comenzara en nuestras iglesias, traería una verdadera sanidad para aquellas mujeres que han tenido problemas para confiar hasta en amistades y relaciones cercanas. Esto podría empezar una increíble ola de sanidad. Pero empieza en el corazón de una mujer que dice: «Me rehuso a asesinar el carácter, los derechos y el estilo de vida de mi hermana. La trataré como si yo fuera ella, y como si ella fuera yo. Nunca subiré trepando a través de ella. Quebrantaré la maldición de los oprimidos y por consiguiente destruiré el cáncer que está comiéndose el corazón de muchas mujeres.»

Hemos examinado algunas de las contribuciones al fallecimiento de las relaciones femeninas. La lista no está completa, pero hemos tocado los celos y las relaciones entre madres e hijas. No creo que la lista de problemas sea tan importante como la de respuestas. ¿Qué se puede hacer para tender un puente sobre el golfo que las divide de las otras mujeres? ¿Cómo pueden invertir en la autoestima de sus hermanas? ¿Qué afirmación pueden dar que sea provechosa para una mujer lastimada?

Miren en lo profundo de su corazón, más allá de sus dolores y rechazos; más allá de los hábitos que han creado en su trato de otras mujeres. Tienen que hurgar en el corazón recreado que el Espíritu Santo ha puesto en ustedes, permitiendo que Dios las use como «enfermeras» de misericordia. Tienen que cambiar el mundo de una persona a la vez.

Si tienen una hija a la que hayan estado criticando, empiecen con ella. ¿Qué importa quién tiene razón o quién no, si pierden a su hija? Aun si tienen que llamar al otro lado del país, llámenla. Explíquenle por qué no siempre la han apoyado tanto como hubieran querido. Háblenle de su propio dolor. Díganle que ella merece saber por qué la rabia cayó sobre ella. Pídanle perdón y díganle que quieren que la relación se sane. Tal vez no cambie en seguida; se necesita mucho más que una vuelta en «U» para cubrir la distancia y el tiempo que viajaron en la dirección equivocada. Pero es un paso en la dirección correcta, y si siguen el curso acertado, llegarán en tiempo a donde debieran estar.

Tal vez sea su madre o su hermana con quien han tenido problemas.* Tal vez han debilitado lo que debiera ser una fuerte relación. Hoy, en el nombre de Jesús, tomen la iniciativa y comiencen a corregir el daño. No sean infantiles discutiendo «quién pegó primero»; ustedes son mejores que eso. Dios está tratando con su corazón y ustedes deben ir hacia la sanidad. Le han estado pidiendo a Dios que restaurara lo que habían perdido. Bueno; esto es parte de ello.

Arreglen las cosas. No culpen a nadie. Solo permitan que el Espíritu Santo obre. Su carne clamará, vendrá el temor del rechazo, pero muchas no tienen nada que perder; su relación se está muriendo de todas formas. Toda la comunicación entre ustedes sólo ha sobrevivido a través de aparatos. No pueden adorar a través de esto. Dios quiere sanar su corazón.

Es mi oración que permitan que la luz brille sobre ustedes, como un canal de expresión para alguien que necesita que lo animen. Es un hábito que vale la pena formar. Si ustedes lo dan, recibirá «medida buena, apretada, remecida y rebosando darán en vuestro regazo» (Lucas 6.38).

---

* Hijas mías, yo no les permitía pelear cuando eran pequeñas. No permitan que más tarde la vida las convierta en mujeres odiosas y cínicas que siempre tienen algo negativo que decir de la otra. Ustedes son hermanas; están certificadas por la sangre de su padre. Dios las bendiga. ¡Estoy orando por ustedes!

CAPÍTULO DIEZ

ALGUNAS VECES ÉL
DEBE DECIR «NO»

Uno de los mayores desafíos de nuestra fe son aquellos momentos en que debemos soportar el frío infortunio de la desilusión. Mientras más ansiedad anticipada haya, mayor será la desilusión cuando no recibamos lo que estábamos esperando.

Se ha escrito mucho sobre las bendiciones y el cumplimiento de las promesas de Dios, y legítimamente. Pero, como padre, creo que sería negligente si no las preparara para aquellas ocasiones en que la vida no resulta como uno espera.

Conozco de cerca el terrible sentimiento de depresión que surge en el corazón cuando las cosas no salen bien. Se siente casi como si un terremoto nos hubiera hecho estremecer el corazón. Los cosas con las que uno contaba y en las que se apoyaba se han deslizado, y algo dentro nuestro comienza a hundirse. El suelo se abre y todo lo que habían planeado parece no tener sentido. La tentación es tener toda una fiesta de compasión de sí mismo; ¡completa, con pastel, velas y helado!

No hay escudo que pueda mantener alejados los días que llegan para enseñar a nuestro corazón la sumisión a la voluntad y el propósito de Dios para nosotros. No hay cartas tan poéticas, ni rosas tan fragantes que puedan quitarnos la deprimente sensación de quebrantamiento que nos sobreviene cuando vemos perder nuestras expectativas. Tomamos esas expectativas y las moldeamos en una extraña caricatura de la persona que quisiéramos poder abrazar. Es un sentimiento que llevará a la persona más madura a tomar una posición fetal. Llega y parecería que no se fuera a ir, pero pueden estar seguras de que lo hará. Se irá y el sol saldrá de nuevo, y reprenderá a las nubes que impedían que el propósito de Dios brillara a través suyo.

Las palabras parecen vacías y las caricias estériles, casi como si aquellos que nos abrazan hubiesen envuelto sus emociones en un guante. Su toque parece impersonal e inefectivo, como si estuviesen aislados del verdadero dolor que sentimos. Quizás sea que no son ellos quienes están separados y aislados. Quizás sean nuestro corazón afligido y espíritu quebrantado los que nos han aislado del calor de sus expresiones. Estamos allí sin estarlo, preocupados con el frío infortunio del momento.

Sé que probablemente no necesitan hoy estás palabras que suenan bastante morbosas. Pero guárdenlas y encuadérnenlas, porque cada uno de nosotros verá días en que este consuelo será consolador. Ustedes no son una excepción. Es mi deseo como padre prepararlas lo mejor posible para los días en que, después de haber invertido mucho esfuerzo y quizás hasta mucha oración en ciertas cosas, estas fallen en cumplirse. Esos son los días que debilitan el pulso y envían el amargo sabor de la bilis a nuestras papilas gustativas. Seguimos viviendo, tragamos, pero allí está el amargo recordatorio que se queda, haciéndonos sentir que hemos fallado.

Por mucho que le complazca a Él bendecirlas, habrá momentos en que todo lo que intenten fallará. Habrá momentos en que aquel con el que más contaban se vaya y las deje andando a tientas entre las lágrimas enceguecedoras, gimiendo y preguntándose por qué. Ustedes no necesitarán estas palabras hoy. Pero algún día, cuando llegue un rechazo y las haga sentirse sin valor, encuentren y desempolven estas palabras; ellas se mantendrán. Porque, hijas mías, la verdad no tiene tiempo ni edad. Siempre estará allí, impertérrita y sin cambiar; tan fresca como cuando la percibieron por primera vez.

Hay una asociación muy extraña que se apega a la juventud: es el sentimiento de ser invencible e intocable. Existe un mito en el corazón de algunas personas jóvenes que los hace pensar que están exentos de los quebrantamientos de la vida. Creo que el dolor es más doloroso cuando es inesperado. De modo que el dolor viene como un choque para los jóvenes y hasta para algunos cristianos, quienes viven bajo la ilusión de que ellos no podrán experimentar el agudo e hiriente dolor de la desilusión. Pero la vida le permite a todos sus participantes la misma oportunidad de experimentar dolor.

Profundamente grabada en la cara de los ancianos, se encuentra la realidad de que la vida, con frecuencia, se tuerce. Bajo el mechón de cabello invernal y los maduros ojos se encuentra el conocimiento de que el peligro siempre está más cerca y es más tempestuoso de lo que hubiera creído en su juventud. El sermoneo constante de los ancianos nace del valle de sus propias experiencias y peligros. Zumban como alarmas en sus oídos. Se vuelve irritante para los oídos jóvenes que no tienen interés ni tiempo para la cautela. Pero presten atención y tomen nota: habrá encuentros que podrán quitar el viento de sus velas, el rizo de sus cabellos y el fulgor de su sonrisa.

Tal vez la mayor diferencia entre los jóvenes y los ancianos no sean las coyunturas endurecidas y los músculos envejecidos. Quizás no sean los ojos apagados o el temblor de muñecas débiles. Tal vez sea la realidad que quema como ascuas tras las coronillas grises. Son los lugares en que ellos han caminado. Es la realidad de que los planes y las metas pueden ser evadidos por el momento más lleno de desilusión, haciéndonos aprender el arte de la paciencia y la aceptación de una petición denegada.

Sin embargo, dentro de la capacidad humana se encuentra un tenaz instinto de supervivencia, el cual surge cuando hemos llegado al punto más bajo. Eso nos permite tener éxito a través de las tormentas de la vida. Ellas vendrán, pero no podrán trastornarlas a ustedes si aprenden a confiar en Dios aun cuando no puedan ver rastros de Él. Tal vez no sepan por qué han tenido que enfrentar los fríos vientos de la desesperación, pero confíen en que Dios las renovará. Solo sigan adelante.

Él es muy sabio. Conoce las mayores verdades que sólo pueden ser percibidas por ojos que pueden abarcar el hoy y el mañana de un solo vistazo. Su visión reemplaza nuestras miopes peticiones que se centran en la sed del día y no en las sequías del futuro. Como un buen padre, Él debe denegar las peticiones que ofenderían el destino más grande que ha preparado para quienes son suyos. Es un Dios de un amor duro; tiene la habilidad de denegar firmemente una petición cuando ustedes quedarían en peligro con una respuesta positiva. En resumen, ¡Él las ama lo suficiente como para decir «no»!

Sumisión es la palabra que me viene a la mente. Sé que es un término al que muchos corazones femeninos se resisten hasta cuando la leen en la Palabra. Pero la sumisión puede ser una amiga para el corazón que lucha dentro de una víctima que ha sido encadenada a la voluntad de Dios. En lugar de quemarse las manos y los corazones luchando por liberarse de esa fuerza que las atrapa para su propia protección, sométanse. ¿Por qué resistirse a Aquel a quien le han confiado su futuro? Es seguro confiar en Él. No les fallará. ¡Es el Obispo de su alma!

> «Porque vosotros erais como ovejas descarriadas, pero ahora habéis vuelto al Pastor y Obispo de vuestras almas.»
>
> —1 Pedro 2.25

¿Quién es el obispo de su alma? ¿Es un caballero solemne y bondadoso que camina por un santuario en túnica y recitando oraciones? No. Esa es una definición eclesiástica de un hombre que tiene iglesias a su cargo. Él es como un general en el orden eclesiástico de diversas denominaciones; otras prefieren el término superintendente o presidente. Pero esto no es una definición eclesiástica; es teológica y también se refiere al cuidado; ¡no al cuidado de iglesias, sino al de almas!

En resumen, Él es el cuidador, el protector. Él las vigila como un guardavidas en la playa. Imagínense a un guardavidas, sentado en su asiento por encima de los nadadores —cuyo único interés son las emociones y escalofríos del juego— ve a alguien con un peligro en ciernes. Como él se preocupa, salta de su posición y se hunde en las mismas aguas en las que presintió el peligro. Nada hacia la víctima, cuyo próximo movimiento la enviará a los abismos de una destrucción cierta.

Justo antes de que el frío puño del desastre devore a su víctima, el guardavidas la saca del peligro. ¿Interrumpió la continuidad de las festividades? Sí, lo hizo. ¿Quizás le magulló una costilla mientras la rescataba? Tal vez. Hasta quizás ella se sienta humillada y avergonzada. Pero la realidad del asunto es que él vio algo que ella no veía, y la rescató.

Este es el tipo de obispo que ustedes tienen. ¡Él las vigila, y sus ojos son penetrantes! ¡Cuando Él dice «no», ustedes deben decir «bien»! Él nunca las interrumpiría o las avergonzaría delante de sus amigos si no viera algo que necesitara esa respuesta. ¡Ustedes deben de alabarlo ahora —en la playa, con las costillas magulladas, la cabeza dando vueltas, sin aliento, con la gente observándolas, pero vivas!

El verdadero asunto es una cuestión de confianza; confianza en que el Padre sabe lo que es mejor para cualquiera de nosotros. Queridas hijas, escúchenme bien. Se los he dicho antes y se los diré de nuevo: Él no retendrá ninguna cosa que sea buena para ustedes. Si fuera buena, Él hubiera dicho que sí. Eso que no les está llegando podrá haber parecido bueno, pero, o no era el momento, o desde su posición Él podía ver que su futuro es sombrío. Siempre he creído que las personas que solo le agradecen a Dios por librarlos de lo sucedido sólo están «rozando la superficie» de la alabanza. ¡Las verdaderas alabanzas vienen cuando empiezan a agradecerle por salvarlas de lo que pudiera haber pasado, y que por su rápida gracia fue evitado!

Su corazón debería estar brincando en celebración. El confiar en Dios transforma la calamidad en testimonio. El saber que Él se preocupa demasiado por ustedes como para abusar, y que es demasiado sabio como para equivocarse, causa que un corazón herido cante a los cielos. Cuando comenzamos a conocerlo más que a solamente servirlo, podemos confiar en su visión, su sabiduría y su perspicacia. Él no puede darte una explicación antes de arrebatarte del agua, como un salvavidas no puede dar una clase preventiva en medio del océano mientras una víctima está a punto de ahogarse. Ustedes deben confiar en Él cuando no les explica lo que ustedes creían que debieran saber.

La puerta cerrada es una bendición. Muchas personas se regocijan cuando las puertas se abren. Creo que eso es una bendición, especialmente si necesitaban la puerta abierta y solamente Dios podía hacerlo. Puedo entender por qué canta el corazón cuando la mano de Dios quita el obstáculo del camino. El ojo puede ver el camino abierto, y los pies comienzan a bailar hacia un futuro más brillante. Eso no va más allá de mi entendimiento.

Pero quiero desafiarlas a dar otro paso hacia la profunda confianza soberana de una puerta cerrada. Podemos aceptar fácilmente su autoridad cuando se usa para realizar lo que sabemos que es un favor. El verdadero desafío de sumisión es someterse cuando la voluntad humana hubiera escogido otro camino. Este es el ejercicio de graduación de la fe, y el servicio de la inauguración de la confianza para aquellos cuya dependencia y seguridad se basa en la consumada sabiduría de Dios.

«Esto dice el Santo, el Verdadero, el que tiene la llave de David, el que abre y ninguno cierra, y cierra y ninguno abre.»

—APOCALIPSIS 3.7

Dios alude aquí al poder de la puerta cerrada. Es importante entender que la puerta cerrada es un movimiento de Dios, tanto como la puerta abierta. Es la misma mano poderosa y es el mismo corazón amoroso. Es una acción predeterminada por la sabiduría de un Padre que sabe qué es lo mejor. El cierra puertas enfáticamente. Nosotros no hemos enseñado lo suficiente sobre las puertas cerradas. La mención de la llave de David implica que esa puerta no solamente está cerrada, sino cerrada con llave. Esto se entiende cuando dice que ningún hombre puede abrirla. No tiene caso el que alguno de nosotros trate de abrir orando, trabajando o forzando lo que Dios ha cerrado.

Ustedes saben que una puerta está cerrada cuando no se abre. Se que esto suena vago, porque muchos hemos tenido que orar para abrir una puerta, cuando el enemigo estaba tratando de desanimarnos. Este es un punto en que la gran espiritualidad es un gran beneficio. ¡Si la puerta solamente está cerrada por el enemigo, y él está tratando de que rindan sus sueños, entonces la oración y la alabanza la abrirán! Pero si la puerta está cerrada por la decisión soberana de un Dios omnisciente, y la oración y la alabanza no la abren, entonces deben aceptar su decisión.

Eso no significa que no pueda abrirse; solo que «ningún hombre» puede abrirla. Si Dios no la abre, no puede abrirse. Si Él no lo hace, ustedes no querrán que se haga. A estas alturas, ustedes deberían saber que Él hace lo que es mejor para ustedes. Hay una gran diferencia entre una puerta que Satanás ha trabado y una puerta que Dios ha cerrado para ustedes.

Tal vez no sea una cerradura permanente. Puede ser temporal. Dios puede estar diciendo: «No en este momento.» Si es un no temporal, puede ser la forma en que Dios me está llevando a un punto de sumisión, porque mi carne está en control. Sólo un corazón que ora y que se vuelve a Él puede determinar la respuesta. Este es un buen momento para colgar el teléfono, apagar la televisión y caer de rodillas. La oración funciona. ¡Si ustedes oran, Él tiene la llave y puede abrir la puerta!

«Si yo cerrare los cielos para que no haya lluvia, y si mandare a la langosta que consuma la tierra, o si enviare pestilencia a mi pueblo; si se humillare mi pueblo, sobre el cual mi nombre es invocado, y oraren, y buscaren mi rostro, y se convirtieren de sus malos caminos; entonces yo oiré desde los cielos, y perdonaré sus pecados, y sanaré su tierra. Ahora

estarán abiertos mis ojos y atentos mis oídos a la
oración en este lugar.»

—2 Crónicas 7.13-15

Si en la oración los goznes no se mueven y la aldaba no se
abre, entonces debemos asumir que Dios ha cerrado la puerta
para nuestro mejoramiento. Si el la ha cerrado, no se enfurru-
ñen como niñas pequeñas que se han acostumbrado a salirse
con la suya. Una niña malcriada es un insulto a un padre que
entrena. Eso sólo dice que no han aceptado la disciplina. Tal
vez eso sea lo que está sucediendo ahora. La niña malcriada
tal vez este siendo corregida de los berrinches y el enfurruña-
miento que acompañan la falta de entrenamiento ¡Eso es difícil,
pero también es correcto!

Quiero que aprendan el arte de regocijarse cuando Él dice
«no». Regocíjense cuando las cosas no vayan como ustedes las
habían planeado. Regocíjense, porque si Satanás está trabajando, su actitud hará fútiles sus esfuerzos. Si de cualquier modo
van a alabar a Dios, sus esfuerzos serán contraproducentes.
Él no tiene necesidad de atacarlas si no obtiene la reacción
apropiada. Nadie quiere atacar a alguien que sigue sonriendo. ¡El enemigo se desalentará si ustedes no lo animan con su
depresión!

Pero también quiero que aprendan la habilidad de agra-
decer a Dios cuando la respuesta es un «no» irrevocable, inal-
terable y enfático. Tal vez suene a locura, pero confíen en mí.
¡Todo es bueno! Verán, Él está obrando por ustedes; ¡claro que
sí! Si Él dice «no», quiero que se lo agradezcan. Algunos de
mis mejores momentos con Dios han sobrevenido cuando le he
dicho «sí» a sus correcciones y decisiones. Satanás fue derrotado, y Dios fue adorado por mi confianza en su soberana voluntad para mi vida.

¿No duele eso? Al principio, pero cuando me recuerdo a mí mismo el amor de Dios por mí y que Él nunca me lastimaría, se disipa el desencanto y emana el amor del consuelo de su abrazo. Soy su hijo. Me relajo, y digo: «¡Gracias!»

Nuestro problema es que nunca hemos sido amados por nadie de la forma en que Él nos ama. No tenemos con qué compararlo. Su amor es más gentil que el pecho materno, a la vez que más fuerte que los brazos paternos. Es más íntimo que la caricia de un amante. Es más consistente que el afecto de un niño. Es ágape. Es el amor de Dios. Si alguna vez pudiéramos comprenderlo, sólo su amor sanaría la aflicción de nuestro corazón quebrantado. Él las adora completamente.

¿Por qué corren de lugar en lugar y de persona en persona buscando amor? ¿No han oído? Él les ha estado hablando a través de todas sus circunstancias. Él es a quien necesitan cuando la vida las ha herido y ustedes se han caído del nido como un ave. Es su mano la que detiene la caída del alma y entonces la echa al viento y le ordena volar otra vez.

Es una pena que nosotros como cristianos nos hayamos alejado tanto del plan maestro de salvación. Necesitamos enseñar de nuevo el maravilloso plan de salvación; no sólo la receta de salvación —eso de «repitan conmigo», que parecen enlatadas y frías. Necesitamos enseñar la química de salvación. Un Dios eterno te eligió aun antes de que nacieras. Su novia elegida; eso es lo que eres. Tú ya fuiste seleccionada; no es que lo serás. Tú estás elegida. No estás a prueba. Ya has sido elegida.

Necesitan conocer a su Padre. Saben mucho sobre la iglesia y eso es grandioso. La iglesia es la madre que las llevó en su vientre y las cargó con su gracia. Las alimento con la leche sincera de su pecho. La leche de la Palabra ha hecho que ustedes crezcan (1 Pedro 2.2). Eso es maravilloso, pero me preocupa, porque hemos criado demasiados niños en el Reino que conocen demasiado sobre su madre. Ellos saben cuándo adorar; cuándo sentarse; conocen todo sobre el orden social y la política. Están llenos de historia de la iglesia y su programas, pero no saben nada del Padre.

> «Porque un niño nos es nacido, hijo nos es dado, y el principado sobre su hombro; y se llamará su nombre Admirable, Consejero, Dios Fuerte, Padre Eterno, Príncipe de Paz.»
>
> —Isaías 9.6

Necesitan conocer a su Padre si la iglesia es su madre, por gloriosa que ella sea. Él es quien produjo la semilla de su Palabra, la cual hizo que ustedes fueran. Es su nombre el que heredan y el que, cuando lo reclamen, abrirá todos los cielos. Es Él quien las carga y las libera. Si están inseguras es porque han pasado tanto tiempo acurrucadas cerca de la ternura de su madre que no han experimentado la fortaleza de su Padre. Él es fuerte y poderoso. ¡Él es su Padre, y el diablo no puede detenerlo!

Él decidió antes de que ustedes cometieran el error. Si se han arrepentido del pecado, entonces olviden la culpa. La culpa es la progenie de la incredulidad, y ofende la misericordia de Dios. Él conoce su fin desde el principio. Sientan cómo Él las fortalece cuando se revela dentro de ustedes. Él no puede ser explicado; debe ser revelado. ¡Déjenlo revelarse en su corazón ahora! Él no es algo humano; es Dios, el creador del hombre. Es el epítome de la masculinidad; el omnipotente, no el impotente. Es el Padre Eterno.

> «¿No sabéis? ¿No habéis oído? ¿Nunca os lo han dicho desde el principio? ¿No habéis sido enseñados

desde que la tierra se fundó? El está sentado sobre el círculo de la tierra, cuyos moradores son como langostas; él extiende los cielos como una cortina, los despliega como una tienda para morar. El convierte en nada a los poderosos, y a los que gobiernan la tierra hace como cosa vana. Como si nunca hubieran sido sembrados, como si nunca su tronco hubiera tenido raíz en la tierra; tan pronto como sopla en ellos se secan, y el torbellino los lleva como hojarasca. ¿A qué, pues, me haréis semejante o me compararéis? Dice el Santo. Levantad en alto vuestros ojos, y mirad quién creó estas cosas; él saca y cuenta su ejército; a todas llama por sus nombres; ninguna faltará; tal es la grandeza de su fuerza, y el poder de su dominio.»

—Isaías 40.21-26

No hay necesidad de sentir que se han quedado fuera, o buscar pertenecer al grupo. No necesitan buscar ser parte de la pandilla. Ustedes han sido llamadas y separadas por Dios. No fueron creadas para ser populares. No fueron llamadas a camarillas o clubes. Fueron elegidas para caber en la mano de Dios, quien ya las ha aceptado. La inseguridad se disipa en la realidad de la verdad divina. ¡Como quisiera que conocieran la altura y la profundidad de su insondable amor por ustedes!

No se criticarían tanto a sí mismas o se preocuparían tanto por la opinión pública si conocieran la opinión de Dios. Sus pensamientos hacia ustedes son buenos; no malos. Él quiere dispersar los mitos que las hacen tenerle temor. Sí, cada padre quiere ser respetado y merece ser respetado. Pero ningún buen padre quiere que sus hijos le tengan terror. Tampoco quiere que cuestionen su amor por ellos. Algunas de ustedes nunca han tenido seguridad en el amor de su padre natural y eso afecta su visión de su Padre celestial. Pero, escúchenme: no hay duda sobre su amor. Él hizo el mayor de los sacrificios para probarles la autenticidad de su amor.

¡Son tan valiosas que Satanás exigió rescate por ustedes, sabiendo que su Padre era muy rico! Él le preguntó a Dios: «¿Qué darías por ver a esta mujer liberada? El Padre vino a través de cuarenta y dos generaciones armado de amor y envuelto en carne, y dijo: esto es lo que creo que ella vale. Él dejó caer su cabeza entre sus hombros y murió desnudo en un árbol, porque ustedes significaron mucho para Él.

Nunca vuelvan a insultar su gran sacrificio dudando de su amor. Tal vez no lo puedan ver o entender, pero deben creer en Él. Él las ama absolutamente. No sólo cuando hacen lo correcto, sino que las ama cuando se equivocan. Eso es lo que les da el poder de corregir las equivocaciones que han cometido. Él quiere desesperadamente sanar el corazón doliente que ha creído las mentiras de la vida. Ustedes son especiales y vibrantes, están llenas de potencial y posibilidades. Son las hijas de un Rey. Él es el Rey que no se ahorró ningún gasto para pagar el rescate que las libraría de las cosas que las mantenían como rehenes. ¡Entiendan; capten!: ¡ustedes son alguien!

Esas son las verdades que Él quiere que conozca cada creyente. Son las palabras que encontré en la Biblia. Es una carta de amor viviente a un mundo moribundo. Una declaración de intención de un Dios que quiere que lo tengan todo.

Sus brazos están abiertos. Él espera por ustedes en el lugar secreto. No les fallará. Levántate, amor mío, con pulso rápido y ojos fulgurantes. Es todo tuyo y es todo bueno. Un «no» suyo es tan dulce como un «sí». Es la evidencia de su intensa atracción y su vehemente amor por ti. Tu vida está a punto de entrar en un crescendo en una sinfonía de alabanza. Cuando su plan entra en crescendo, tú te alegrarás de no haber seguido tu propio camino. Él hará algo. ¡No te lo pierdas!

> «Jesús les dijo: Llenad estas tinajas de agua. y las llenaron hasta arriba. Entonces les dijo: Sacad ahora, y llevadlo al maestresala. y se lo llevaron. Cuando el maestresala probó el agua hecha vino, sin saber él de dónde era, aunque lo sabían los sirvientes que habían sacado el agua, llamó al esposo, y le dijo: todo hombre sirve primero el buen vino, y cuando ya han bebido mucho, entonces el inferior; más tú has reservado el buen vino hasta ahora.»
>
> —Juan 2.7-10

Ha reservado lo mejor para el final. No lloren si parece fallar al permitirles beber el vino común que otros toman. Con frecuencia cometemos el error de comparar nuestras situaciones con las de los demás. Ellos han recibido el vino natural que llega a aquellos cuya paciencia no les permitirá esperar. El mejor vino llega para los corazones confiados que le presentan las lúgubres aguas del agotamiento, y que esperan por el júbilo estimulante de lo milagroso. Él ha dicho «no» a algo que querían. ¿Alguna vez han considerado que Él, tal vez, esté reservando algo mucho más dulce, mucho más rico y mucho más pleno para ustedes? Él las ama.

Queridas hijas:

Sé que ocasionalmente las he desilusionado en sus expectativas. No siempre he podido explicarles por qué hice lo que hice. Fue entonces que debí soportar la dolorosa mirada en sus caras. Con frecuencia les negué el derecho de ir a lugares a los que otras iban, o de hacer cosas que otras hacían.

Un buen padre no es un Papá Noel, quien les da cualquier cosa que pidan sin sopesar los efectos de su petición. La verdad sea dicha, tener un hombre no es tener un Santa Claus. Pueden estar seguras que la vida no es Navidad. No se pasen la vida sentadas en frente de una chimenea fría, esperando con leche y galletas a que venga un extraño. Él no vendrá. Les sugiero que enciendan un fuego, se tomen la leche y se coman las galletas.

Cuando el Señor envía alguien a sus vidas, alguien que las ama tanto como yo, entiendan que ese amor no significa que cualquiera de ustedes se saldrá siempre con la suya. Es una situación compartida, con negociaciones y compromisos para el bien común. Sé que el amor puede hacer que una mujer mayor se sienta joven, puede hacer que un hombre calvo se compre una peluca, pero el amor no es inmaduro. No es para los frívolos. El amor requiere de madurez, y puede requerir de disciplina y de una gran cantidad de confianza.

Es mi esperanza que los cimientos de todas sus relaciones en la vida sean su relación con su Padre celestial. Aunque soy una pobre caricatura de su clara realidad, espero haber reflejado hacia ustedes, de alguna pequeña forma, un poco de su gran amor y gozo. No he dicho siempre que sí, y Él tampoco lo hará. Pero espero que cuando lleguen las desilusiones de la vida, recuerden que cada vez que dije que no era porque quería tanto lo mejor para ustedes,

que estaba dispuesto a verlas desilusionadas hoy
para poder saber que estarían vivas para disfrutar el
mañana.

Algunas damas no tienen un padre que reflexione
con ellas, o tal vez él no haya tratado de ser una nor-
ma por la cual ellas pudieran percibir la paternidad.
Cuando enfrenten desafíos, háblenles del amor del
Padre. Él cuida de ustedes. Tal vez eso les dé propósito a nuestros dolores. Podemos empezar a entender
que por nuestra propia experiencia podemos hablarle
a otros que no tuvieron la fortaleza interna o los
antecedentes que los ayudarían a resistir el dolor.
¡Dios quiere usarlas! Tal vez puedan ayudar a otras a
confiar cuando estén desilusionadas.

¿Podemos hablar? Admito que odio verlas desilusionadas y quiero que siempre tengan gozo. Es
egoísta, pero quiero gustarles. Nadie quiere dejar de
gustar; ni siquiera por unas horas. Pero si siento que
hay peligro en sus planes, se los negaré aunque se
enojen, porque quiero lo mejor para ustedes. Muchas
de las cosas que estamos discutiendo son insignifi-
cantes, pero esos principios las ayudarán a entender
cuando Dios les niegue las cosas que quieren, especialmente cuando parece que las reciben todos menos
ustedes. Esas son cosas importantes. No todas las
mujeres podrán tener hijos. No todas las mujeres
serán esposas. Algunas no serán ricas. Sus decisiones,
aunque variadas, no son parciales. Él, simplemente,
toma en cuenta muchas variables de las que nosotros
no tenemos conocimiento.

Si ustedes, como mis hijas, pueden aceptar el
hecho de que mi amor no las exime de corrección y

dirección, entonces brotarán y florecerán. Sólo sepan que mi debilidad por ustedes es que haría cualquier cosa para que sean mejores. Pero soy fuerte por ustedes, en que haré cualquier cosa que sea necesaria para asegurarme de que las he protegido de mayores daños que inconveniencias y vergüenzas temporales.

Al terminar esta carta y seguir adelante, tomemos un minuto de unión de padre e hijas. Acérquense un poco, pongan su mano sobre mi pecho y sientan el latir de mi corazón. El ritmo que sienten es firme y consistente. Tiene un patrón y una dirección. Lo mismo que mi amor. Quiero que ustedes sepan lo que toda mujer necesita entender desesperadamente y nunca podrá conocer sin comunicación. ¡Quiero que conozcan el corazón de un padre!

Las ama siempre,
Papá

Muchacha, tu eres el latido del corazón del Padre y Él te ama mucho. Por favor, no quebrantes su corazón viviendo en pecado. Él tiene una razón para pedirte que dejes las áreas que comprometen la verdadera santidad. Él no dice «no» porque sea malo, sino porque desea algo mejor que esto para ti. No es el tipo de Padre que te negaría algo bueno. Si está tratando de arrancar de tu mano un pequeño juguete de pecado, es porque sabe que eventualmente te destruirá a ti, a tus hijos o a tu autoestima. Déjalo ir.

Sé lo difícil que es confrontar la inmoralidad y la debilidad. Han sido muchos los días en que he tenido que arrastrarme hacia su regazo y llorar, pidiéndole que me ayude conmigo mismo. Sé que tenemos que ser destetados de los juguetes de Satanás si vamos a ser usados por el Señor. Pero es una gran bendición cuando el adversario es conquistado, el enemigo es derrotado y vemos más allá de la prueba: vemos el gozo en el otro lado. Verán que cuando lo superen, el Padre tiene ya una recompensa. Cada vez que resistan a la tentación, ya sea que esta sea una aventura extramatrimonial o criticar y ser groseras con otros, verán que el Padre tiene recompensas para sus logros.

No más excusas. Ustedes saben que el Padre tiene razón. Vayan ahora; vayan rápidamente hacia su presencia; súbanse a sus rodillas; apoyen su cabeza en su pecho. Lloren si deben hacerlo, pero háblenle. Dejen que Él las limpie de pecado y las purgue de orgullo. Quiero que sepan que Él las ama por igual, tanto cuando dice «no» como cuando dice «sí». Quiero dejarlas con las palabras de uno de los grandes himnos de la iglesia:

Dulce hora de oración, dulce hora de oración,
que me llama de un mundo de cuidados,
y me manda, ante al trono de mi Padre,
¡a hacer conocer todos mis deseos!
En las épocas de aflicción y dolor,
con frecuencia mi alma ha encontrado alivio,
y con frecuencia escapado a la trampa del tentador,
regresando a la dulce hora de oración.

CAPÍTULO ONCE

¡SU PADRE LAS DEJÓ RICAS!

UN buen hombre le deja una herencia a su familia. He trabajado arduamente para tratar de asegurarme que a ustedes les quede una plataforma de lanzamiento para su vida. Tal vez no salga como lo he planeado, pero es mi intención dejar este mundo con mis hijos bendecidos con una herencia.

Un padre es un proveedor, y debe proveer para algo más que el momento; debe proveer para el futuro. Es tontería e ignorancia no planear para el futuro. Creo que dentro de mis deberes como cabeza de familia está el ayudar a proveer seguridad para su futuro lo mejor posible. Sé que todos mis esfuerzos tal vez no lleguen a nada, pero, sin embargo, ese es mi deseo. Si me voy, no quiero que ustedes queden en la calle mendigando su pan. Tampoco quiero que se casen por la razón errónea. ¡No quiero que lo hagan por una comida! Yo no seré capaz de ayudarlas desde la tumba, pero al menos quiero que tengan la posibilidad de empezar.

Una de las cosas que quiero dejarles va más allá de la herencia de bienes. Es algo mucho mejor que el dar tierra o el legado de propiedades. Es el compartir la sabiduría. Una parte de lo que un buen padre le provee a sus descendientes es la sabiduría. Muchos hablan con sus hijos, pero no les dicen nada a sus hijas. Personalmente quiero que tanto mis hijos como mis hijas impacten a sus descendientes; y ustedes no podrán hacer eso durmiendo en una caja bajo un puente y cantando alabanzas. ¡Aun así podrán llegar al Cielo, pero pasarán un tiempo terrible durante ese viaje!

Muchos grandes cristianos de otras generaciones creían que hablar de cosas económicas era algo carnal. Ese era un gran mensaje cuando eran jóvenes; pero cuando estaban viejos, llenos de cuentas médicas y con hijos que no podían cuidarse a sí mismos y mucho menos a sus padres ancianos, ¡fue evidente que fallaron en observar a las hormigas, y salieron perdiendo! Eso es lo que quiero que hagan, que observen a las hormigas. Les hablaré más al respecto posteriormente. Son maestras sabias.

Hablar de dinero no es carnal; es parte de su herencia como cristianas. El Padre es como yo en ese aspecto: quiere verlas bendecidas. Por favor, no permitan que nadie les diga que ser cristianas significa que deban de ser pobres. A Dios no le molesta que tengan dinero. A Él le molesta que el dinero las posea a ustedes. Salomón escribió que el «dinero sirve para todo» (Eclesiastés 10.19). No es la respuesta a la espiritualidad y menos aun a la vida eterna, pero es la respuesta a todas las «cosas». Quiero dejarlas con algunas respuestas. Con demasiada frecuencia vemos hijos que se quedan con todas las preguntas de la vida. ¿Cómo voy a sobrevivir?, o ¿cómo voy a pagar eso? Esas son las preguntas y quiero que ustedes tengan al menos suficientes respuestas para contestar las demandas de la vida.

Si bien es cierto que uno nunca puede confiar en las riquezas, eso no niega el hecho de que Dios es un proveedor y que Él no se ofende por buenas provisiones. Es importante que confiemos en el Proveedor y no en las provisiones. En dónde pongan ustedes su confianza, determinará si ustedes serán o no capaces de manejar la riqueza. Una cosa es tenerla y otra completamente diferente es depender de ella. Una enfermedad o un accidente pueden agotar todo lo que tengamos. Una herida a largo plazo puede cambiar la vida que conocemos. Los trabajos se terminan y las compañías cierran. Las acciones caen y las inversiones fallan. Eso no significa que deban evitar las inversiones, el trabajar o lo que sea que ustedes quieran hacer para ser sabias administradoras del don de la vida; significa que, después de haber hecho todas las cosas sabias que puedan hacer, aún deben confiar en Dios.

¡Debemos observar a las hormigas y planear para el invierno, al igual que ellas lo hacen! Después de haber hecho todo lo que manda la sabiduría, no podemos confiar en nada de lo que hayamos hecho; ¡todavía debemos confiar únicamente en el Dios, quien nos bendijo para hacerlo! En el medio de nuestra fe, todavía necesitamos obras; la fe sin obras está muerta (Santiago 2.26). Muchas personas inteligentes se han alejado de nuestra fe. No porque nuestra fe fuera pobre, sino porque muchos fallaban en representarla correctamente. Lo que enseñaban como fe era tontería. Eso los llevó a pensar que para poder ser cristianos había que tener pocas metas y ambiciones. Creían que éramos personas que caminábamos por el mundo con la vista puesta en los cielos, esperando por nuestro Señor y sin afectar nuestro mundo. Eso no es cierto.

> «Ve a la hormiga, oh perezoso, mira sus caminos y sé sabio; la cual no teniendo capitán, ni gobernador, ni señor, prepara en el verano su comida, y recoge en el tiempo de la siega su mantenimiento.»
>
> —PROVERBIOS 6.6-8

Las hormigas nos enseñan a ser buenos inversionistas y no solamente consumidores. La mayoría gastamos todos nuestros ingresos para vernos prósperos. Es como gastar todo el dinero para su casa en cortinas sin ventanas, o alfombra sin piso. ¿De qué sirve una hermosa pared sin cimientos? Invertir es difícil para los cristianos carnales, porque la gente carnal siempre quiere ver todo. Para poder ser inversionistas deben tener la tendencia a la gratificación demorada.

Esta es la época de la oportunidad. Dios esta abriendo una ventana, particularmente para sus hijas, las que una vez fueran oprimidas económicamente por el pensamiento intolerante, el cual no quería que las mujeres tuvieran capital porque el dinero les permitiría tomar decisiones. La pobreza es una prisión silenciosa. No tiene paredes y no necesita cadenas. Nos refrena con opciones limitadas y pérdida de esperanza. Su carcelera es la desesperación y su guardia la depresión. ¡Huyan de ella! Son las hijas de un rico. ¡Son las hijas de Dios! No solamente vistan como la gente rica (que, por cierto, rara vez se visten bien), sino aseguren su futuro.

Sus años para obtener ingresos son limitados. Deben moverse mientras puedan, como la hormiga sabia que trabajó durante el verano y después pudo reírse del invierno. Créanme, muchas mujeres ancianas no se están riendo del invierno. La fría plaga de la edad y la pérdida de ingresos han dejado sus artríticas rodillas demasiado tiesas para doblarse en una oración ferviente. Ellas tienen problemas. La Biblia le habla a los holgazanes, pero no es siempre la pereza lo que atrapa. Muchas veces es una pobre planeación y una espiritualidad mal guiada lo que causan que muchos hombres y mujeres queden empobrecidos. Se han dejado prostituir en su mentalidad, mientras otros crecieron a su costa, quedando ellos empobrecidos y deprimidos.

Junto a cualquier herencia que pueda dejarles, quiero darles algunas gotas de sabiduría para prepararlas para los días en que yo no pueda estar a su alcance. Lo que les he legado hará mi recuerdo mucho más significativo. Ellas son sencillas verdades bíblicas que las ayudarán a alcanzar sus metas y aspiraciones. Les serán benéficas como mujeres, porque los hombres tenemos la tendencia a lidiar con lo tangible, mientras que la mujer tiende hacia las abstracciones.

Les explicaré. A mi esposa le encantan las tarjetas de salutación. ¡Hasta llorará sobre una! Le puedo regalar una abrigo caro, pero lo que la emocionará es la tarjeta. Ella conserva como recuerdo los cerillos del restaurante en donde tuvimos nuestra primera cita. ¡Hasta guarda las toallas —¡oh, perdón!— las servilletas de la habitación en que pasamos la luna de miel! Guarda cosas de recuerdo que no tienen ningún valor para nadie más que para ella. Esas cosas son sus tesoros. A mí también me gusta una tarjeta bonita —no me mal interpreten—, pero si alguien quiere darme un regalo caro, no se preocupen si no pueden envolverlo, o comprar una tarjeta. Pónganlo en una bolsa de papel y escriban mi nombre con un crayón. ¡A mí me da igual!

No estoy diciendo que mi esposa esté equivocada. Nosotros respetamos y hasta celebramos nuestras diferencias. Solamente estoy señalando la gran diferencia de nuestra perspectiva. Generalmente los hombres damos «cosas» con más facilidad que «afecto». Nos sentimos más seguros dando cosas tangibles, en tanto que las mujeres quieren que los hombres den algo de sí mismos, lo que, por cierto, aterroriza a la mayoría de los varones.

Debido a que los hombres ponen demasiado valor en las cosas, ellos han monopolizado el mercado de la industria y el comercio, y muchas veces han dejado fuera a las mujeres que aspiran a operar en otro nivel. Los hombres de éxito entienden que el dinero significa poder y es un símbolo de control.

Desafortunadamente, estamos viviendo en una época en que la cantidad de padres y madres solteros está aumentando y, por diversas razones, muchas mujeres se encuentran necesitadas de cosas tangibles. Ellas se visten con trajes tipo sastre y le dicen a las corporaciones: «¡Háganse a un lado y déjenme entrar!» La iglesia, que tiende a ir un poco más lenta en asuntos sociales, también está despertando. Las mujeres salvas ya no se contentan con hornear pasteles y galletas mientras que los hombres compran autos deportivos y practican sus deportes favoritos. ¡Dios está levantando mujeres que pueden ser decisivas y efectivas en un consejo directivo, mientras siguen siendo femeninas y sensibles en su habitación! Pueden tener una carrera, metas y aspiraciones y seguir siendo una buena madre o una buena esposa.

Sin embargo, hemos fallado al predicar esta verdad. La Biblia no lo hizo al declararla. Respecto a la tradición y poder de «¡Mujer, estás perdonada!», quiero compartir algunos pasos que pueden ayudar a la mujer que ha estado inactiva, si no holgazana, a prepararse mejor para el futuro y para hacer mejores elecciones.

1. *Preparación y presentación de su petición*

> «Nuestro padre murió en el desierto; y él no estuvo en la compañía de los que se juntaron contra Jehová en el grupo de Coré, sino que en su propio pecado murió, y no tuvo hijos. ¿Por qué será quitado el nombre de nuestro padre de entre su familia, por no haber tenido hijo? Danos heredad entre los hermanos de nuestro padre.»
>
> —Números 27.3-4

Esas mujeres vinieron a Moisés y comenzaron a negociar para mejorar. Ellas no entraron en el fervor de la rabia. Fueron a Moisés con hechos innegables. No fueron impulsivas; se tomaron su tiempo para prepararse y presentaron un caso por el cual tenían que ser respetadas, articulándolo poderosamente.

Ustedes nunca podrán recibir nada si son personas que no saben cómo pedir. Eso significa que no pueden continuar pasivamente, dejando que las tensiones lleguen a tal punto en que después, histéricas, le gritan a cualquier persona en autoridad. Si enajenan a aquel a quien tienen que pedirle, se habrán separado de la solución y se quedarán con el problema.

La responsabilidad de empezar descansa en ustedes. Deben ser iniciadoras de la bendición, pero también estar seguras de tener los hechos y presentarlos en un orden coherente y sistemático. ¡Nunca permitan que el enemigo use las emociones de ustedes en su misma contra!

Si nunca piden nada, nunca recibirán nada; el mundo supondrá que están satisfechas. La pasividad impedirá que reciban. Muchas personas son tan pasivas que pasan la vida tan flojas como una muñeca de trapo, la que nunca se enfrenta a las circunstancias o compele el cambio. Ellas están esperando un príncipe que las rescate. En el otro extremo están las personas que discuten por todo. Están amargadas, son malas y se enorgullecen de ser dominantes y no tener pelos en la lengua.

Ninguna de esas dos personas es efectiva. Las mujeres dominantes terminan sus vidas aisladas. Están así porque los hombres las encuentran tan odiosas que prefieren desviarse que enfrentarlas. El otro tipo, la «hermana muñeca de trapo», se da por descontada y siempre se abusa de ella porque nunca habla en contra de la injusticia, puesto que se siente impotente para provocar el cambio. Esas mujeres de las que habla la Biblia hablaban sin alborotos y desvaríos. El truco es tener un balance entre los dos extremos.

«Mejor es vivir en un rincón del terrado que con mujer rencillosa en casa espaciosa.»

—Proverbios 21.9

Sin embargo, ni siquiera Dios le dará bendiciones a alguien que no hable. Él enseña enfáticamente la necesidad de ser un iniciador. Ustedes deben iniciar sus propias bendiciones. Si no las inician, jamás ocurrirá nada importante en su vida. Depende completamente de ustedes.

«Pedid, y se os dará; buscad, y hallaréis; llamad, y se os abrirá.»

—Mateo 7.7

Si no piden, buscan y llaman, no les darán, no hallarán y no se les abrirá. ¿Pueden ver ahora por qué tantas mujeres viven en la frustración? Están llenas de recuerdos y fantasías maravillosas, pero su realidad tal vez no sea lo que ellas desean.

Esas mujeres fueron a Moisés. No esperaron a que Moisés fuera a ellas. Cuando fueron, ellas iniciaron el cambio. A veces puede ser difícil verse uno mismo como un iniciador, pero si no se preparan y se presentan correctamente, se quedarán estancadas y se sentirán miserables.

Demasiadas personas se sientan a desear que suceda algo. Si ustedes tienen sueños y aspiraciones, deben tener confianza en lo que sienten y avanzar hacia esas metas con vigor y precisión. La mayoría de los cristianos cree que Dios lo hará todo. Eso no es cierto. Si Ana no hubiera orado en el espíritu por un hijo —fe— y después dormido con Elcana —obra—, jamás hubiera habido un Samuel -fruto- (1 Samuel 1.20).

Tienen que hacer que sus acciones coincidan con sus convicciones, o vivirán una vida sin frutos. Aun peor es el hecho de que en su vejez tendrán que comer el fruto de lo que hicieron con su juventud. ¡Tengan cuidado de lo que cocinan!

2. Lo correcto debe desafiar a lo incorrecto

> «¿Por qué será quitado el nombre de nuestro padre
> de entre su familia, por no haber tenido hijo? Danos
> heredad entre los hermanos de nuestro padre.»
> —Números 27.4

Se dice que este es un mundo de hombres. No es un mundo de hombres, es el mundo de Dios. Él es el único poder soberano. Tal vez los hombres ocupen muchos lugares de autoridad, pero Dios tiene el control. Si Él las bendice, no teman. Una mujer bendecida puede sobrevivir aun en un mundo de hombres. El desafío es recibir lo que es de ustedes, sin amargarse respecto a las veces en que se los quitaron. La amargura es contraproducente y les impedirá disfrutar de la victoria, aun si la obtienen. Muchas personas están tan llenas de enojo que no pueden disfrutar lo que han obtenido, puesto que abrigan demasiado resentimiento e ira reprimida.

Desafortunadamente, muchos sectores de nuestra sociedad aún mantienen varios grados de racismo y sexismo. Es trágico que en nuestras sociedades modernas todavía existan quienes, basados únicamente en lo externo, hayan enajenado y discriminado a las personas que también son hijos de Dios. Esas voces que impiden que las personas persigan sus sueños deben ser desafiadas. Es imperativo que no se le permita a su ignorancia construir una prisión dentro de la que ustedes tengan que vivir.

La verdad es que el lugar de una mujer es donde ella lo encuentre. No todas nacieron para ser madres. No todas las mujeres permanecen en la casa. Algunas serán capaces de balancear ambos papeles; otras tendrán una dirección definitiva que querrán elegir. Dios no se ofende por sus aspiraciones. Mientras que algunas piden al Cielo todo lo que la vida tiene que ofrecer, otras prefieren sereno contentamiento y tranquilidad. Si una mujer está satisfecha por vivir en un cierto nivel económico, está en su derecho, sin importar si ese nivel es muy alto o muy bajo.

Todos tomamos decisiones. Algunas mujeres muy inteligentes y vibrantes han cambiado la fama y la fortuna por paz y tranquilidad. Es cuestión de preferencias. No permitan que la presión de sus iguales las obligue a jugar un papel que las haga sentirse incómodas. Nuestro derecho, como hijos de Dios, es ir hacia las metas y promesas que son tan singulares y diversas como lo somos nosotros mismos. Hasta los animales tienen una estrategia para el futuro. Es crucial que ustedes también preparen una estrategia evaluando el ambiente en el que deben sobrevivir, y comiencen a prepararse para las etapas cambiantes de la vida. Si la hormiga tuvo que hacerlo, ustedes también.

La hija que aspira a una meta muy alta, la cual es capaz de manejar emocional y académicamente, no debe ser restringida en base a su sexo. Tampoco otras mujeres deben menospreciarla porque ella haya elegido expresar sus dones en una arena que tal vez no sea vista como tradicional por la sociedad. ¿Necesito recordarles que la mujer virtuosa de Proverbios 31 era una mujer de negocios, que poseía propiedades, producía productos, vendía géneros y cuidaba de su familia? ¡Era una mujer de los noventas! Ni siquiera permitan a los cristianos bien intencionados encasillarlas en sus preferencias personales. Una mujer soltera está sometida a su Dios. Una mujer casada está sometida a su marido.

> «Hay asimismo diferencia entre la casada y la doncella. La doncella tiene cuidado de las cosas del Señor, para ser santa así en cuerpo como en espíritu; pero la casada tiene cuidado de las cosas del mundo, de cómo agradar a su marido. Esto lo digo para vuestro provecho.»
>
> —1 CORINTIOS 7.34-35

Más allá de la sumisión esbozada en la Escritura, díganle a todos los demás que dejen de jugar a ser dios en su futuro. En asuntos espirituales, ya sea que estén casadas o solteras, sométanse a su pastor (Hebreos 13.17). Recordemos nuevamente a las preciosas hijas de Zelofehad, que fueron a Moisés a desafiar la justicia de la política de «los buenos amigos» que estaba en efecto. Sus acciones sugerían «somos mujeres, pero somos mujeres bendecidas». En otras palabras, no estamos maldecidas y tenemos el derecho de caminar igual que camina cualquier otra persona bendecida. Ellas lo hicieron sin atacar a los hombres o faltar al respeto a la autoridad. Fueron a través de los canales apropiados, no obstante, gracias a Dios, siguieron adelante. Ustedes no querrán ser rebeldes, porque la rebelión es como pecado de adivinación (1 Samuel 15.23). Sin embargo, aun querrán de todas formas recibir lo que el Padre tiene para que ustedes hereden. Ellas no querían ser excluidas por su sexo. ¿Y ustedes?

Si quieren ser efectivas en esta época, deben saber que tienen el derecho de ser bendecidas. De hecho, nuestra habilidad es la prueba de nuestros derechos. El mismo hecho de que Dios las haya dotado con la habilidad es, de hecho, el indicador de que Él tiene un propósito para ustedes. Si Él les dio el don, ustedes tendrán que dar cuentas de lo que hicieron con lo que les ha dado.

Creo que cada día es un don de Dios. Lo que hagan con ese día o talento es, de hecho, el regalo de ustedes para Él. ¿Han escondido su talento porque se encontraron con oposición y alguien les dijo que no podrían? ¿Les dijeron que era porque son mujeres? Eso es ridículo. Ustedes solo están limitadas por la creatividad y la concentración de su propia mente.

> «Pero llegando también el que había recibido un talento, dijo: Señor, te conocía que eres hombre duro, que siegas donde no sembraste y recoges donde no esparciste; por lo cual tuve miedo, y fui y escondí tu talento en la tierra; aquí tienes lo que es tuyo. Respondiendo su señor, le dijo: Siervo malo y negligente, sabías que siego donde no sembré, y que recojo donde no esparcí.»
>
> —Mateo 25.24-26

Muchas mujeres han suprimido la habilidad que Dios les dio, viviendo de acuerdo a algún estereotipo negativo. Ese es el mismo estereotipo que Dios quiere que hagan pedazos. ¡Ustedes han descuidado un derecho por el cual el Padre hizo grandes sacrificios para que lo tuvieran! ¡Vaya precio el que pagó para darles su herencia! Al Padre le costó la vida de su Hijo! Eso se compara a como si yo, como padre natural, me pasara toda la vida trabajando para dejarles mi herencia a mis hijas, y entonces ustedes malgastaran lo que yo conseguí trabajando. O peor aun, ustedes se rehusaran a reclamar la herencia por ser mujeres.

Esas mujeres desafiaron el sistema. Lo desafiaron en una época en que las mujeres eran consideradas ciudadanas de segunda categoría. A pesar de la opinión pública, eligieron el desafío y pedir sus derechos, de manera que obtuvieron aquello por lo que habían luchado. Muchas de ustedes están muriéndose de apatía y aburrimiento. No han desafiado la vida y no están siendo desafiadas por la vida. Necesitan ejercitar su potencial.

Hagan circular su sangre. Un buen ejercicio aeróbico espiritual comenzará a hacer que su corazón palpite con vitalidad y estímulo. Necesitan más vida en su vida. Una vida desafiante hasta puede ayudarnos a evitar las travesuras y el pecado. Cuando estamos aburridos, Satanás toma la iniciativa; y ustedes saben a dónde lleva eso.

Uno de los desafíos era el que estaba en su propia mente. Estamos limitados por nuestra propia tendencia a aceptar menos de lo que podríamos haber obtenido. Si no tienen cuidado, ustedes mismas se convencerán de dejar de vivir. La mente desafiada hablará y le dirá a otros: necesito más vida en mi vida. La hijas de Zelofehad sencillamente se rehusaron a «quedarse sin bailar» cuando tenían el favor del Padre.

3. El favor del Padre

Ellas no fueron irrespetuosas o groseras. Sencillamente se atrevieron a disentir de las condiciones que las oprimían. Algo dentro de ellas las hizo sentir que tenían justificación. Es más fácil pelear cuando el derecho está del lado de ustedes. Asegúrense siempre de tener la razón. Cuando la tengan, entonces Dios estará de su parte. Uno de los mejores instrumentos que podrán tener en una batalla es la bendita seguridad de que tienen razón.

Dios es justo; y al final, Él apoya lo correcto. Si ustedes tienen razón, podrán ser lo más silenciosas o lo más pequeñas posible. Pero las reto a que se atrevan a tener la razón. Si la tienen, al final se levantarán victoriosas. Nunca vayan a una batalla por pasión de la carne o por orgullo; la gran mayoría de su fuerza debe basarse en tener razón. ¿Cómo bendeciría Dios lo incorrecto?

Eso es lo que separa la fe del humanismo. El humanismo enseña el poder del espíritu humano. Básicamente sugiere que si ustedes creen en algo lo suficiente, podrán lograr que suceda. Por otro lado, la fe les da el poder para obtener lo que el Padre ha prometido. Depende de la Palabra del Padre. Si el espíritu humano no estuviera sujeto a la voluntad del Padre, lo que tendríamos sería pura adivinación. La manipulación se apoderaría de nuestros corazones. Las mujeres estarían presionando a los hombres para que abandonaran a sus esposas. Sería el caos. Solamente Dios las capacita para hacer lo que Él les ha ordenado que hagan. Ustedes no quieren el poder para hacer el mal.

¿Por qué querrían obtener la bendición que está dirigida a otra persona? Ustedes sólo quieren lo que es suyo. Si ese no es el caso, más vale que se detengan ahora y comiencen a orar hasta que sus deseos hayan sido bañados en su Palabra, y sus motivos se vuelvan píos. ¡Si están batallando con la necesidad de controlar a otras personas y están tratando de influenciar su voluntad con la suya, tal vez no lo sepan, pero están batallando con el espíritu de la brujería! Deben renunciar a eso. Ese no es un espíritu para jugar con él. Se sorprenderían de saber la cantidad de personas que son vencidas por la necesidad de controlar las cosas que no son suyas.

«¿Por qué será quitado el nombre de nuestro padre de entre su familia, por no haber tenido hijo? Danos heredad entre los hermanos de nuestro padre.»

—Números 27.4

Noten que esas mujeres pedían su parte. Ellas no querían la parte de su tío; solamente querían lo que era de ellas. Querían heredad «entre» los hermanos de su padre. Eran lo suficientemente agresivas para quererlo, pero no iban fuera de la ley; lo pedían. Ellas no atacaban a los hombres. Las mujeres cristianas deben evitar seguir el ejemplo de sus hermanas seculares que no han permitido que sus experiencias amargas sean sanadas por el amor de nuestro Padre, quien quita el dolor de los traumas de nuestra vida.

Las hijas de Zelofehad nunca perdieron su feminidad. Hay una gran diferencia entre feminidad y timidez. Ellas no toleraron la injusticia, ni se amargaron. ¡Es el poder de la petición! Sé que es difícil ser ignorados y no enfadarse. Pero recuerden que las mujeres sabias —de hecho, todas las personas sabias— no permiten que sus emociones dominen sus metas y propósitos finales.

Debido a que esas mujeres desafiaron el sistema sin violar los principios, Moisés fue a Dios a pedirle dirección. Hay algunos sistemas que han atrapado sus bendiciones. Deben ser desafiados, pero no atacados. Siento que esta es una época en que Dios quiere literalmente derramar bendiciones, no sólo hacia sus hijos, sino también hacia sus hijas. Esto es algo más que un cheque extra en el correo. Es el momento para cambios de dirección y cambios en la vida. Quiero que ustedes empiecen a esperar una inundación, un diluvio. No quiero decir que se sienten a esperarlo. No, prepárense para ello y espérenlo. Lloverá en su vida. Es por eso que Él quiere sanar cada temor, inseguridad e inhibición que las detendrían. Esta bendición debe ser provocada, pero cuando venga, lloverá.

> «...y de cierto sobre mis siervos y sobre mis siervas en aquellos días derramaré de mi Espíritu, y profetizarán».
> —Hechos 2.18

Dios siempre ha tenido un acta de igualdad de derechos para su pueblo. No hay diferencia entre lo que Él derramará sobre sus hijos e hijas. Es un buen Padre y es su voluntad bendecirlas. ¿Pueden acordar con Dios ahora para que el flujo de creatividad y prosperidad vuelva sin restricciones a cada área de sus vidas? Este es un llamado para despertarlas. El momento es adecuado y el procedimiento debe ser correcto. El Padre va a sacudir a los poderes que se han apoderado de sus bendiciones.

Estoy escribiendo con un fuerte sentimiento de liberación en mi espíritu. El Padre quiere liberar las bendiciones retenidas a las hijas oprimidas. Verán, al final, lo que cuenta es la voluntad del Padre. Eso es lo que se hará. ¡Así que Moisés le preguntó al Padre por la voluntad del Padre!

> «...y Moisés llevó su causa delante de Jehová. y Jehová respondió a Moisés, diciendo: Bien dicen las hijas de Zelofehad; les darás la posesión de una heredad entre los hermanos de su padre, y traspasarás la heredad de su padre a ellas. y a los hijos de Israel hablarás, diciendo: Cuando alguno muriere sin hijos, traspasaréis su herencia a su hija.»
>
> —NÚMEROS 27.5-8

Si ustedes tienen el favor de su Padre, nadie podrá impedir que sean bendecidas. Es importante que no desperdicien sus fuerzas luchando con la oposición. Verán, si Dios está por ustedes, ¿quién podrá ser en contra? (Romanos 8.31). Tienen el favor de Dios; no se preocupen de quién está en contra; sólo piensen en quién está por ustedes. Su fe se edificará a través de los conflictos y los peligros.

Este fue el primer caso de discriminación de géneros mencionado en las Escrituras, ¡y la corte celestial resolvió a favor de algunas mujeres que sabían cómo pedir lo que su padre había tenido en sus bienes! Tal vez haya algunas cosas que su padre tenga para ustedes. No les dé miedo. Tal vez sean madres solteras. Tal vez no haya un «hijo» que las defienda. Tal vez su esposo se fue hace mucho. Sus bendiciones no se centran en un hombre o en los hombres en general. A pesar de lo que ustedes no tengan, miren lo que tienen y sigan adelante. Aún pueden recibir la herencia por la gracia y el poder de Dios.

Déjenme explicar. Como padre, necesito saber que he preparado para el hoy y el mañana de mis hijos. Puedo dormir mejor si tengo la seguridad de que, si hoy me fuera a descansar, ya he provisto para mi familia. Me enojaría mucho pensar que hubiera dejado una herencia para mis hijas y ellas vivieran en pobreza. He trabajado mucho para asegurarme de que tendrán ventajas.

> «Pues si vosotros, siendo malos, sabéis dar buenas dádivas a vuestros hijos, ¿cuánto más vuestro Padre que está en los cielos dará buenas cosas a los que le pidan?»
>
> —MATEO 7.11

Él es mucho mejor padre que yo. ¿Por qué ustedes, como mujeres de Dios, no buscan lo que el Padre ha deseado para ustedes? Él murió por ustedes y quiere que tengan su herencia. Cada vez que experimentan uno de sus beneficios, agradézcanselo, porque si Él no se los hubiera dejado, entonces no sería suyo. Las exhorto como padre a sus hijas: busquen todo lo que la vida tenga que ofrecerles. Tomen una porción grande de la vida. Disfruten de cada bocado. Su Padre les ha dejado cosas buenas.

Si han ido por el mundo con un espíritu opaco y un corazón quebrantado, les estoy hablando a ustedes. Si se encuentran en un estado de depresión que les está robando esos preciosos años en los que deberían estar prosperando y persiguiendo su destino, oigan este consejo: no malgasten otro día lamentándose, durmiendo y alejando su misericordia y perdiendo su oportunidad de logro. Levántense y ocúpense. Tal vez tengan que trabajarlo. Tal vez tengan que empujar e impeler. Pero la vida merece la lucha. Ahora, ¡quítense esas pantuflas y esa bata! ¡Sáquense los rizadores del cabello, tomen un baño caliente y largo, y pónganse una colonia! Si ustedes lo quieren, podrán obtenerlo. ¡Su Padre las dejó ricas!

CAPÍTULO DOCE

«TALITA CUMI»
¡NIÑA, LEVÁNTATE!

En el fulgor vacilante, como de una vela que suavemente bautiza la habitación de un alma atesorada, yace el gozo de su madre y el corazón de su padre —envuelta en suaves pijamas y rodeada de muñecas y osos de peluche. La delicada luz brillará a través de la noche para recordarles que su seguridad es nuestro interés prioritario. Ahora, oraciones susurradas y tiernos abrazos le añaden «sabor» a la habitación, mientras que los sonidos del amor llenan el aire.

Hijas, cuyos ojos brillantes y ardientes corazones prometen sacudir naciones y capturar los corazones de muchos hombres, huyan de los pretendientes y caminen con el Salvador. Él no les fallará. Pasaron de los pañales a los pantaloncitos infantiles. Avanzaron de los vestidos de encaje para Pascua a las carteras de seda y zapatos negros de tacón. Imagínense, mis bebés preparando avena, cocinando el desayuno, alimentando a otros, acariciando el mundo. Ustedes son el encanto de mis sueños y la respuesta a las oraciones de su madre. Tendrán días más brillantes que los míos y momentos más ricos que mis deseos más extravagantes. Búsquenlos, espérenlos, y si no llegan, háganlos pasar. Insistan en aprovechar la vida y tocar el cielo. Es su derecho. Ustedes son las hijas de un rey.

Son más grandes que las repercusiones de su pasado. Son más fuertes que un momento de fracaso. Pueden elevarse como el humo que sube por una chimenea; fueron hechas para subir en espiral hacia el cielo. Las frías ráfagas de las promesas quebrantadas no deben negarles el don de la vida. Nunca olviden que están vivas —unas veces débiles y otras fuertes, pero siempre vivas. Tendrán razón algunos días y estarán equivocadas algunas noches, pero no dejen de levantarse en la mañana. La mañana es otra oportunidad que les da Dios para pasar el examen. Él les está dando una oportunidad de beneficiarse de sus errores y seguir adelante.

«¡Oh, si él me besara con besos de su boca! Porque mejores son tus amores que el vino.»
—Cantares 1.2

Él las ha besado gentil y tiernamente, pero también de forma definitiva. No es el beso urgente de un amante desesperado que hace demandas durante la noche. Él las ha besado con el beso gentil del favor de un Padre, cuya ternura las protegerá de los traumas del pasado. Han sido besadas, bendecidas, acariciadas. Un beso tiernamente enviado de los labios celestiales al dolor humano. Ustedes son besadas por el mismísimo Padre. ¡Con razón Satanás no ha podido destruir en la noche lo que Dios ha preparado para la luz! Ustedes han sido besadas.

Esto es lo que deben de saber para poder resistir la noche. Esto es lo que deben ensayar contra los duendes de los recuerdos del pasado, los que asaltarán sus sueños convirtiéndolos en pesadillas. El diablo es un mentiroso. Esto es un sedante para ustedes, igual que el beso de un padre que tranquilizará a un niño nervioso que debe de dormir en un lugar extraño. No importa cuán extraña parezca esta etapa de su vida, deben saber que Él las preparó para ella. Cuando las besó, las protegió y ustedes son suyas. Deben descansar en la santidad y en la seguridad de los brazos que no les fallarán; protegidas y seguras de todas las alarmas. Un beso de buenas noches es su forma de «precintarlas» hasta la mañana siguiente. Y ella vendrá; no se demorará. La mañana es de ustedes. Úsenla bien, úsenla frugalmente. Es un regalo.

Me encantan las mañanas. Es para los llenos de esperanza y no para los que se lamentan. Las mañanas son expectativas. Es el rocío que humedece la tierra seca. Son colibríes y bocinas que suenan en una ciudad que comienza a alertarse. Más aun, es el futuro que yace desnudo ante nosotros. La madrugada se estira en las frescas horas de una nueva oportunidad recién creada. Es una tumba vacía y un pesebre lleno. Es vida, amor y esperanza. Nunca olviden el amanecer. Siempre vendrá. Las noches cambiarán, las lágrimas se secarán y los enemigos se irán. Y ustedes saldrán en la mañana.

Si están cansadas, descansen a la luz de estas palabras y duerman en la nube del amor del Señor. No dejen de moverse y vivir. Este es su día y este es el mundo de su Padre. Él lo ha creado solamente para ustedes. Son herederas del universo. Sus únicas fronteras son sus propias percepciones de potencial. Ustedes pueden alcanzar más allá de sus dedos y saltar más alto que sus dudas. Si levantan la cabeza y elevan sus manos, las nubes huirán. Ustedes han sido besadas. ¿No lo sabían? ¿No se han dado cuenta? Es por ello que están vivas, para mostrarlo. Así que, revélenlo, destáquenlo y sáquenlo. ¡Es de mañana!

Nunca pierdan esa creencia de niñas en lo imposible. Las fantasías de los fieles dispersan los mitos de los asustados. ¡Que alguien haga sonar la trompeta! Las carreras están a punto de empezar y las hijas de Dios están listas. Ellas se han sacado las preocupaciones de este mundo. Han lavado los abusos de su infancia; han demandado su herencia, criado sus propios bebés, se han fortalecido y han preparado sus pies para correr.

Son hermanas de la cruz, sobrevivientes de los secretos. Han permanecido despiertas temblando y hasta llorado a través de la noche. ¡Algunas han clamado a través de labios partidos, de cuerpos asaltados, de corazones quebrantados, de confianzas traicionadas! Pero, ¿qué pasó con la noche? Así es; ¿qué pasó? ¿No han oído? Ya es de mañana.

Díganle a la ejecutiva que los tacones negros y las faldas de lana ya se encuentran en el elevador. Están pasando del hospicio a la Casa Blanca. Libres de temor, ya se están moviendo.

¿Mujeres liberadas? Más vale que lo crean. Están liberadas de la tragedia de una noche larga y lúgubre. Son las hijas de Abraham; mujeres con una promesa. Promesas preciosas esperan por las mujeres liberadas que se han preparado para tomar el reino a la fuerza. No más frutos prohibidos para ellas; están dándole una mordida a la vida. No más restricciones o inhibiciones. Muchas han sido detenidas por el temor al fracaso y al rechazo. Díganle a los críticos que el Padre dice: «¡Dejen ir a Mi hija!» Sólo un tonto pelearía con un padre por su hija. Es con el Padre con quien tendrían que pelear. ¡Están liberadas! ¡Corran!

> «...y a esta hija de Abraham, que Satanás había atado dieciocho años, ¿no se le debía desatar de esta ligadura en el día de reposo?»
>
> —Lucas 13.16

No miren hacia atrás, o a su alrededor, o por encima. Este es su momento. Esta es la hora; Dios ha estado esperando para hacerlo por ustedes. Han sido liberadas. Es de mañana. Ya pasó la noche. El temor se apacigua; la víctima tiembla, pero ella sobrevive. ¿Por qué no debería ser liberada? Ustedes no pueden cambiar donde han estado, pero sí pueden cambiar hacia donde van.

Esta es la verdad: yo tengo un amigo y Él las apoya. Déjenme hablarles del Amigo de su padre. Es más fuerte que yo. Es fortaleza. He esperado hasta este momento para decirles todo lo que Él hará, porque ustedes saben cuán escrupulosos pueden ser los padres cuando hablan de intimidad y amor. Bueno; lo deje para el final.

Se que habrá dolor que tratará de robar la pasión que Dios creo para que disfrutaran ustedes y sus esposos. Satanás es quien tratará de destruir su matrimonio a través de la tensión y la falta de perdón. Él tratará de insensibilizar su piel suave y flexible, dejándolas dentro de una cáscara dura que aprisione un corazón quebrantado. Él les permitirá adorar y cantar, pero tiene temor de que amen y den. Existe un nivel de romance y caballerosidad que el Padre quería que disfrutaran, no sólo sexo sino sensibilidad. Les estoy hablando de volver a la pasión, más que de una actuación.

Si no tienen cuidado, la vida hará que vayan goteando. Su matrimonio se quedará seco de pasión que se va gota a gota, y seco de excitación, la cual se marchitó por las épocas difíciles y las batallas. Su maternidad tratará de robarles su feminidad. Satanás quiere dejarlas desaliñadas y apartadas, escondiéndose tras excusas religiosas antes que peleando por salir adelante y ser la esposa y la mujer para la que fueron creadas.

Quizá no necesiten esto ahora. Tal vez les parezca innecesario e irrelevante. Pero algún día, cuando sientan una fuerte depresión a punto de caer en lo que antes fue un amor vibrante, necesitarán volverse al Amigo de su padre. Cuando llegue ese día, de repente comprenderán que su esposo anhela la mujer que ustedes solían ser, la que pudo ser o la que quería ser. En algún lugar bajo sus problemas hay otra mujer que grita: ¡Déjenme salir! Yo quiero amar y vivir. Esta es la mujer que está muriendo de hambre debajo de la poca autoestima y el temor al rechazo. Ella es la mujer que ustedes eran antes. ¿La recuerdan?

Ella es suave y sensible, caprichosa y coqueta. Sus ojos brillan llenos de travesura, es creativa y sensual. Su esposo ha estado ayunando, esperando que ella salga del congelador. Si ha habido algún momento en que ustedes necesitaban dejar de reprimirla y liberarla, ese momento es ahora.

¿Quién podría arar a través de las costras y cicatrices de su vida si no es Jesús? Una vez que Él lo hace, no deja vestigios reveladores ni actitudes frías como recuerdos del pasado. ¡Es de mañana! ¡Ustedes nunca volverán a caer en ese adormilado y letárgico estado de melancólica depresión! Levántense ahora.

No puedo dejarlas yaciendo en el lecho de la desesperación. Sus emociones están muertas, sus pasiones dominadas, su actitud cínica, su disposición crítica. Dios dijo: levántate. Ustedes están a punto de tener una resurrección. Será tan fuerte que su esposo deberá sentirla. Sus hijos deberán sentirla. ¡Sí; desde el cuarto de oración hasta su habitación, una mujer ha sido liberada!

La verdadera espiritualidad no ocurre a costa de la humanidad. Dios le da la gracia a los casados de saborear el fruto de su relación en una forma única. Él quiere que ustedes sean creativas. ¡Muchas mujeres, en un intento de ser espirituales, han suprimido el aceite que unge su matrimonio, y este se seca! Destapen el aceite y unjan los pies del que Dios a confiado a su cuidado. ¡Nadie se alegrará más de verlas liberadas!

«Hay asimismo diferencia entre la casada y la doncella. La doncella tiene cuidado de las cosas del Señor,
para ser santa así en cuerpo como en espíritu; pero
la casada tiene cuidado de las cosas del mundo, de
cómo agradar a su marido.»

—1 Corintios 7.34

La casada «tiene cuidado de las cosas del mundo». Ella es
creativa y llena de recursos, no tan centrada en el Cielo que no
sea terrenalmente buena. Ella no es reprimida ni insegura. Está
liberada. Espero que él esté listo —ella es creativa. Él también
deberá ser atento y vibrante. Ella está llena de ideas que son
emocionantes y frescas. Han pasado por una metamorfosis que
debe afectar positivamente cada área de su vida. ¡Mujer, estás
libre!

«...y vino a casa del principal de la sinagoga, y vio el
alboroto y a los que lloraban y lamentaban mucho.
y entrando, les dijo: ¿Por qué alborotáis y lloráis?
La niña no esta muerta, sino duerme. Y se burlaban
de él. Más él, echando fuera a todos, tomó al padre
y a la madre de la niña, y a los que estaban con él,
y entró donde estaba la niña. Y tomando la mano
de la niña, le dijo: Talita Cumi; que traducido es:
Niña, a ti te digo, levántate. y luego la niña se levantó y andaba, pues tenía doce años. Y se espantaron
grandemente.»

—Marcos 5.38-42

En la verdadera tradición de la antigua hidalguía, donde
había príncipes, puentes levadizos, doncellas en apuros y villa-
nos persiguiéndolas, Jairo, el principal de la sinagoga, envió por

Jesús porque su hija estaba enferma. Para cuando Jesús había sanado a la mujer con el flujo de sangre, la hija de Jairo había sucumbido a su mal. Ella yacía en una cama en la cámara alta y los vecinos venían a llorar la muerte de una niña querida.

Nadie podía revertir su sombrío destino. Toda la familia se disolvía en llanto; habían perdido la esperanza. Tal vez algunos se han reunido alrededor tuyo para llorar y lamentarse, pensando que tu vida ha terminado. Algunos podrán pensar que el amor de ustedes ha terminado, que la creatividad y pasión han sucumbido ante algún mal emocional o espiritual con el que ustedes luchaban. Pero, hijas mías, el amigo de Jairo no permitió que se la entregaran a la tierra. Él vino por ella. Vino con toda la gallardía de un príncipe. Vino con el valor de un hombre poderoso destinado a salvar a una damisela afligida.

Su brillante armadura era la gloria del Señor. Su espada estaba en su boca. Entró en la habitación y sacó a los que dudaban. No puede haber personas que dudan llorando en su oído; no cuando estén tratando de resucitar su relación, no cuando estén tratando de revivir una parte de ustedes que Satanás está tratando de robar. Ustedes no pueden usar su relación con Dios para quedarse en un estado de negación. Si algo se ha ido de su vida y de su corazón, debemos creer en Dios para que regrese.

Justo cuando creían que ella no volvería, llegó Jesús. De la misma forma, cuando otros han decidido que ustedes no volverán, Él viene. Viene a sus vidas como un príncipe medieval, vestido en justicia, sumergido en sangre. Viene para sanar y restaurar su fe y sus expectativas, su romance y su ternura. Si la vida las ha dejado desencantadas y apartadas, recuerden que Él es su caballero de brillante armadura. No permitan que los viciosos bandidos del infortunio y del abuso les roben su vigor y entusiasmo por la vida.

Muchas mujeres han pasado por tanto que existen como casas vacías en calles llenas de gente. Se encuentran erguidas en medio de la actividad de la vida, pero no hay luz en ellas. ¡Oh, sí! Sus exteriores son hermosos pero hay un extraño sentido de vacío que impide que la verdadera belleza reluzca. Algunos tal vez no lo noten, pero bajo un escrutinio minucioso, el ojo perspicaz no puede evitar ver la evidencia de un corazón abandonado y una sonrisa solitaria.

Es a esas casas perturbadas a quienes les escribo. Esas son las mujeres cuyas vidas han dejado de celebrar. Han perdido el resplandor iridiscente que sugiere vida y amor. Han dejado de hacer el amor y de crear vida. Ellas sólo están esperando. Han caído en el sueño letárgico de aquellos que no esperan compañía. ¡Tóquense a sí mismas y sepan en su corazón que Jesús viene!

Algunas dirán: soy muy vieja. Otras dirán: es demasiado tarde. Algunas dirán: estoy muy ocupada. Otras hasta se atreverán a sugerir que son demasiado espirituales. Pero yo les declaro que cuando Dios besó el primer terrón de barro y sopló en esa cáscara de lodo el primer aliento de vida, Él habló vida y el abstracto se convirtió en algo vibrante y vivo. El beso del Maestro convirtió una cerámica en una personalidad. Él sopló en la vasija y con su aliento sopló sangre y hueso, pensamientos e ideas, atracción y afecto, romance y avivamiento. Sopló tan fuerte que sopló la reproducción en el cuerpo. Sopló generaciones de destino en Adán. Ustedes y yo todavía estamos absorbiendo ese aliento y sintiéndolo inundar nuestro cuerpo de vida. Estamos vivos, la mayor computadora que se haya visto. ¡Vaya beso!

Esos son los labios de un Maestro amoroso, cuya caricia reprende la muerte. Los mismos labios que soplaron sobre el barro le hablaron a la hija de Jairo, el principal de la sinagoga. Yo lo llamo «Mi Amigo». Él es el Amigo de cada padre que tiene una hija amada a la que no siempre puede afectar. Él puede hacer lo que los hombres no podemos. Puede resucitar los lugares fríos en el corazón de la mujer cuyo amor y vida han sido arrullados hasta dormirse en la cuna de la desesperación. Yo las encomiendo a ustedes —y a todas las mujeres del mundo que se hayan quedado dormidas en medio de la vida— a Él.

La cama no puede detenerlas; la mañana ha llegado. Es el momento de despertar a las apáticas. Eso es lo que en verdad es el avivamiento. Es más que una larga reunión en una iglesia llena. Las personas pueden reunirse durante semanas y no experimentar avivamiento. El avivamiento ocurre cuando revive lo que estaba muerto. Es el despertar de lo que estaba abatido. Ustedes pueden tener un avivamiento en su vida espiritual, personal, económica o cualquier parte suya que el enemigo haya arrullado hasta dormir. Sólo clamen al Príncipe de la Paz. Su nombre es Jesús. Es el amigo de su padre. Él estará allí para ustedes, cuando yo ya me haya ido.

Es el príncipe que aviva lo que la vida ha extinguido. Su beso puede despertar a la bella durmiente. Un beso suyo puede restaurar cada área de sus vidas, tanto natural como espiritual. Es quien puede entrar en la habitación y hablarle al romance que el enemigo está tratando de matar. Él dice: «¡Niña, levántate!»

Si ustedes se encuentran en un estado catatónico, todos aquellos con los que se asocian son afectados. Verán, toda la familia está esperando. Los esposos están viviendo con el fantasma de lo que ustedes hubieran sido, debieran haber sido y fueron creadas para ser. Pero hay otra mujer en ustedes. Ella no es tímida ni tiene miedo. No está enojada ni es insegura; está completa. Es ella la que debe ser despertada. Hay otra esposa dentro de ustedes, una esposa más gentil, suave, amorosa, más entregada, que ha sido reprimida por las circunstancias.

Pero esto no es sólo para el beneficio de otras. Es para el beneficio de ustedes mismas. Necesitan sentirse independientes y libres. Hay otra mujer que tiene la llave de su destino. Es valiente y flexible, determinada y afirmativa. La Palabra despierta lo que debería estar despierto y pone a dormir algunos de los asuntos que se deberían haber retirado hace mucho tiempo. Este es el anuncio por el que su alma ha estado esperando. Este es el anuncio que las liberará de la larga noche de represión y culpa. Este es el anuncio que sentirá la nación. Es el sonido atronador de un reloj despertador sacudiendo con la intensidad de sus convicciones.

> «...y esto, conociendo el tiempo, que es ya hora de levantarnos del sueño; porque ahora está más cerca de nosotros nuestra salvación que cuando creímos. La noche está avanzada, y se acerca el día. Desechemos, pues, las obras de las tinieblas, y vistámonos las armas de la luz.»
> —ROMANOS 13.11-12

A todas ustedes, que durmieron más de la cuenta, a todas ustedes que han derramado lágrimas y pensado que perdieron su oportunidad, a todas ustedes que alguna vez sintieron que estaban profundamente atrincheradas, a la doncella cuyo cabello se ha vuelto gris y sus pasos se han templado, a la estudiante universitaria cuyos brazos esbeltos están llenos de libros y sus corazones llenos de preguntas; para todas las hermosas doncellas, jóvenes y viejas, negras y blancas, les digo sencillamente, pero finalmente: ¡Talita cumi! ¡Es de mañana!

DESPEDIDA

Queridas hijas del Padre:

He escrito una palabra del Padre. Es su palabra, ya sean ustedes las hijas de un presidente o las hijas de un accidente. Él las ama por igual.

Quiero que mis hijas atisben debajo de la cáscara de barro en la que estoy encerrado e inspeccionen los aspectos internos de mi amor por ellas. Siento como si hubiera comprado un seguro, un seguro del cual el tiempo nunca borrará ese testimonio que quiero que siempre esté vivo para ellas y para sus hijos. Es un testamento de mis intenciones hacia ellas y mi intenso amor por nuestro Padre.

También quiero que den una mirada al corazón de un padre terrenal, cuyas debilidades y humanidad son fortalecidos a diario por un Padre celestial. Sé que hay muchas mujeres a través de esta tierra cuyos corazones están quebrantados por la falta de un padre. Algunas han sido arrancadas de los brazos del padre que tenían. Lo siento. Pero no podemos permanecer aquí. Más allá de la noche de ayer, se encuentra la mañana del día siguiente. Es un verdadero mañana para aquellas mujeres que han entregado sus corazones a Jesús. Si ustedes no le han entregado su corazón, por favor, háganlo ahora. Él es una gran ayuda para aquellos que necesitan ser tocados.

Si algo en su corazón se sobresalta cada vez que ven a un padre cargando a su hijo, o ven a un hombre mayor caminando con su hija en el parque, y extrañan al padre que se alejó de ustedes, anímense. No están solas; su Padre está más alto que las estrellas, pero más cerca que el aliento, y Él me envió a decirles a las mujeres de todas las edades y etapas de la vida que vengan; que vengan y se sienten seguras en el regazo del amor del Señor. No importa cuánto hayan sufrido o lo que hayan soportado, hay algo que Él quiere que ustedes sepan. Sin lugar a dudas, el Padre ama a sus hijas.

Siempre 🮱 las 🮱 querré,
Papá

Te invitamos a que visites nuestra página web, donde podrás apreciar la pasión por la publicación de libros y Biblias:

www.casacreacion.com

Para vivir la Palabra